Le conte d'une maman

Anatole France

(Traducteur : Charles E. Roche)

Writat

Cette édition parue en 2024

ISBN : 9789359940328

Publié par
Writat
email : info@writat.com

Contenu

CHAPITRE I

La scène était la loge d'une actrice à l'Odéon.

Félicie Nanteuil, les cheveux poudrés, du bleu sur les paupières, du rouge sur les joues et les oreilles, du blanc sur le cou et les épaules, tendait son pied à Mme Michon, l'habilleuse, qui enfilait une paire de petites pantoufles noires. avec des talons rouges. Le docteur Trublet, médecin attaché au théâtre et ami de l'actrice, reposait son crâne chauve sur un coussin du divan, les mains croisées sur le ventre et les jambes courtes croisées.

"Quoi d'autre, ma chérie ?" lui demanda-t-il.

— Oh ! je ne sais pas ! Des accès d'étouffement, des vertiges et, tout d'un coup, une douleur atroce, comme si j'allais mourir. C'est le pire de tout.

"Avez-vous parfois l'impression de devoir rire ou pleurer sans raison apparente, pour rien du tout ?"

"Ça, je ne peux pas vous le dire, car dans cette vie, on a tant de raisons de rire ou de pleurer !"

"Etes-vous sujet à des crises de vertiges ?"

"Non. Mais réfléchissez-y, docteur, la nuit, je vois un chat imaginaire, sous les chaises ou sous la table, qui me regarde avec des yeux de feu !"

"Efforcez-vous de ne plus rêver de chats, dit Mme Michon, car c'est de mauvais augure. Voir un chat est le signe que vous serez trahi par des amis ou trompé par une femme."

"Mais ce n'est pas dans mes rêves que je vois un chat ! C'est quand je suis bien éveillé !"

Trublet, qui ne fréquentait l'Odéon qu'une fois par mois, avait l'habitude de venir presque tous les soirs en ami. Il aimait les actrices, se plaisait à causer avec elles, leur donnait de bons conseils et écoutait avec délicatesse leurs confidences. Il a promis à Félicie qu'il lui ferait immédiatement une ordonnance.

"Nous nous occuperons de l'estomac, ma chère enfant, et tu ne verras plus de chats sous les chaises et les tables."

Madame Michon ajustait les baleines de l'actrice. Le docteur, soudain sombre, la regarda tirer sur les lacets.

"Ne vous renfrognez pas", dit Félicie. "Je ne suis jamais serré. Avec ma taille, je serais sûrement un imbécile si je l'étais." Et elle ajouta, pensant à sa meilleure amie du théâtre : "C'est très bien pour Fagette, qui n'a ni épaules ni hanches, elle est juste droite de haut en bas. Michon, tu peux serrer encore un peu. Je sais que tu l'es. je n'aime pas les tailles, docteur. Cependant, je ne peux pas porter de langes comme ces créatures esthétiques. Glissez simplement votre main dans mes bas, et vous verrez que je ne me serre pas trop.

Il a nié être hostile aux sursis ; il ne les condamnait que lorsqu'ils étaient trop serrés. Il déplorait que les femmes n'aient aucun sens de l'harmonie des lignes ; qu'ils devaient associer à la petitesse de la taille une idée de grâce et de beauté, sans se rendre compte que leur beauté résidait entièrement dans ces modulations par lesquelles le corps, après avoir déployé la superbe expansion de la poitrine et de la poitrine, s'effile progressivement au-dessous du thorax, pour glorifier dans la largeur calme et généreuse des flancs.

« La taille, dit-il, la taille, puisqu'il faut se servir de ce mot hideux, doit être une transition graduelle, imperceptible et douce de l'une à l'autre des deux gloires de la femme, son sein et son ventre, et vous bêtement l'étranglez, vous vous transpercez le thorax, ce qui entraîne les seins dans sa ruine, vous aplatissez vos côtes inférieures, et vous creusez un horrible sillon au-dessus du nombril, qui se liment les dents jusqu'en pointe et se fendent les lèvres. pour insérer un disque de bois, se défigurer d'une manière moins barbare. Car, après tout, il reste encore quelque splendeur féminine à une créature qui porte des anneaux dans le cartilage du nez, et dont la lèvre est distendue par un disque circulaire d'acajou. aussi gros que ce pot de pommade. Mais la dévastation est complète lorsque la femme porte ses ravages dans le centre sacré de son empire.

S'arrêtant sur un sujet de prédilection, il énumère une à une les déformations des os et des muscles provoquées par le port des baleines, en termes tantôt fantaisistes, tantôt précis, tantôt drôles, tantôt lugubres.

Nanteuil riait en écoutant. Elle riait parce que, étant une femme, elle avait envie de rire de la laideur physique ou de la pauvreté ; car, se référant tout à son petit monde d'acteurs et d'actrices, chaque difformité décrite par le médecin lui rappelait quelque camarade de planche, s'imprimant dans son esprit comme une caricature. Se sachant belle elle-même, elle se réjouissait de son jeune corps en se représentant toutes ces indignités de la chair. Avec un rire sonore, elle traversa la loge vers le docteur, entraînant avec elle Mme Michon, qui tenait ses lacets comme des rênes, avec l'air d'une sorcière qu'on emporte au sabbat des sorcières.

"N'ayez pas peur !" dit-elle.

Et elle objectait que les paysannes, qui ne portaient jamais de corset, avaient une silhouette bien pire que les femmes de la ville.

Le médecin s'en prend amèrement aux civilisations occidentales en raison de leur mépris et de leur ignorance de la beauté naturelle.

Trublet, né dans l'ombre de Saint-Sulpice, était parti jeune homme exercer au Caire. Il rapporta de cette ville un peu d'argent, une maladie du foie et une connaissance des diverses coutumes de l'humanité. Lorsqu'il revenait à un âge mûr dans son pays, il ne s'éloignait que rarement de son ancienne rue de Seine, jouissant pleinement de la vie, sauf que cela le déprimait un peu de voir combien ses contemporains étaient peu capables de se rendre compte des déplorables malentendus qui, pour lui, dix-huit siècles avaient maintenu l'humanité à contre-courant de la nature.

On frappa à la porte.

"Ce n'est que moi!" s'exclama une voix de femme dans le couloir.

Félicie, enfilant son jupon rose, supplia le docteur d'ouvrir la porte.

Entre Madame Doulce, une dame qui laissait germer sa personne massive, bien qu'elle eût longtemps réussi à la maintenir sur les planches, à la contraindre à prendre la dignité propre aux mères aristocratiques.

"Eh bien, ma chérie ! Comment vas-tu, docteur ! Félicie, vous savez que je ne suis pas du genre à faire des compliments. Pourtant, je vous ai vue avant-hier, et je vous assure que dans le deuxième de *La Mère confidente* vous avez apporté d'excellentes touches, qui sont loin d'être faciles à réaliser.

Nanteuil, les yeux souriants, en attendait un autre, comme c'est toujours le cas quand on reçoit un compliment.

Madame Doulce, ainsi invitée par le silence de Nanteuil, murmura encore quelques éloges :

"... d'excellentes touches, une affaire véritablement individuelle!"

" Vous le pensez vraiment, madame Doulce ? Je suis contente de l'entendre, car je ne sens pas le rôle. Et puis cette grande femme Perrin me bouleverse complètement. C'est un fait. Quand je m'assois sur les genoux de la créature, je me sens comme si... Tu ne sais pas toutes les horreurs qu'elle me murmure à l'oreille pendant que nous sommes sur scène ! Elle est folle, je comprends tout, mais il y a des choses qui me dégoûtent, mes restes ne se plissent pas. l'arrière, à droite ?

— Mon cher enfant, s'écria Trublet avec enthousiasme, vous venez de dire quelque chose de vraiment admirable.

"Quoi?" demanda simplement Nanteuil.

"Vous avez dit : 'Je comprends tout, mais il y a des choses qui me dégoûtent.' Vous comprenez tout ; les pensées et les actions des hommes vous apparaissent comme des exemples particuliers de la mécanique universelle, mais à leur égard vous n'éprouvez ni haine ni colère. Mais il y a des choses qui vous dégoûtent, et c'est le cas. c'est profondément vrai que la morale est une affaire de goût. Mon enfant, je souhaiterais que l'Académie des sciences morales pense aussi sainement que toi. Oui. Vous avez tout à fait raison. Quant aux instincts que vous attribuez à votre confrère, c'est vrai. aussi vain de lui en vouloir que de reprocher à l'acide lactique d'être un acide possédant des propriétés mixtes. »

"De quoi parles-tu?"

"Je dis que nous ne pouvons plus attribuer d'éloges ou de reproches à aucune pensée ou action humaine, une fois que le caractère inévitable de telles pensées et actions nous a été prouvé."

"Alors vous approuvez les mœurs de ce bouche bée de Perrin, n'est-ce pas ? Vous, membre de la Légion d'honneur ! Une belle chose, bien sûr !"

Le docteur se souleva.

« Mon enfant, dit-il, accorde-moi un moment d'attention ; je vais te raconter une histoire instructive :

" Autrefois, la nature humaine était autre qu'elle n'est aujourd'hui. Il n'y avait alors pas seulement des hommes et des femmes, mais aussi des hermaphrodites, c'est-à-dire des êtres dans lesquels les deux sexes se combinaient. Ces trois espèces d'êtres humains possédaient quatre bras, quatre jambes et deux visages. Ils étaient robustes et tournaient rapidement sur leurs propres axes, tout comme des roues. Leur force leur inspirait l'audace de faire la guerre aux dieux, à l'instar des géants, Jupiter, incapable de supporter. une telle insolence————"

"Michon, mon jupon ne pend pas trop bas à gauche ?" demanda Nanteuil.

« Résolu, continua le docteur, à les rendre moins forts et moins audacieux. Il les divisa chacun en deux, de sorte qu'ils n'avaient plus que deux bras, deux jambes et une tête chacun, et désormais le genre humain devint ce qu'il est. aujourd'hui, chacun de nous n'est que la moitié d'un être humain, séparé de l'autre moitié, comme on divise une semelle en deux parties, ces moitiés cherchant toujours leurs autres moitiés L'amour que nous éprouvons pour l'une. une autre n'est qu'une force invisible qui nous pousse à réunir nos deux moitiés pour nous rétablir dans notre perfection primitive. Ces hommes qui résultent des divisions des hermaphrodites aiment les femmes ; Les femmes issues de la division des femmes primitives n'accordent pas beaucoup d'attention aux hommes, mais sont attirées vers leur propre sexe. Ne vous étonnez donc pas lorsque vous voyez... "

"Avez-vous inventé cette précieuse histoire, docteur ?" demanda Nanteuil en épinglant une rose à son corsage.

Le médecin protesta qu'il n'en avait pas inventé un mot. Au contraire, il avait, dit-il, laissé de côté une partie de l'histoire.

"Tant mieux?" s'écria Nanteuil. "Car je dois vous dire que celui qui l'a inventé n'est pas particulièrement brillant."

— Il est mort, dit Trublet.

Nanteuil exprima encore une fois son dégoût pour sa camarade, mais Madame Doulce, prudente et déjeunant de temps en temps *avec* Jeanne Perrin, changea de sujet.

"Eh bien, ma chérie, tu as donc le rôle d'Angélique. Retiens seulement ce que je t'ai dit : tes gestes doivent être un peu retenus, et toi-même un peu raide. C'est le secret de l' *ingénue* . Méfie-toi de ton charmant naturel. la souplesse. Les jeunes filles en pièce de stock doivent être un peu poupées. C'est la bonne forme. Tu vois, Félicie, ce qu'il faut faire avant tout, quand tu joues dans *La Mère confidente* . ce qui est une pièce délicieuse———"

— Oh, interrompit Félicie, tant que j'ai un bon rôle, je m'en fiche de la pièce. D'ailleurs, je ne suis pas particulièrement amoureuse de Marivaux... De quoi riez-vous, docteur ? J'y mets les pieds ? *La Mère confidente, c'est pas* de Marivaux ?

"Pour être sûr que c'est le cas !"

" Alors ? Tu cherches toujours à m'embrouiller. Je disais qu'Angélique m'énerve. Je préférerais un rôle avec plus de viande, quelque chose qui sort de l'ordinaire. Ce soir surtout, le rôle me donne la chair de poule. ".

"D'autant plus que tu y réussiras bien, mon animal de compagnie", dit Madame Doulce. "On n'entre jamais plus profondément dans son rôle que lorsqu'on le fait à force et malgré soi. Je pourrais vous donner bien des exemples. Moi-même, dans *La Vivandière d'Austerlitz* , j'ai ébranlé la salle par ma gaieté de ton, alors que je venais d'apprendre que mon Doulce, si grand artiste et si bon mari, avait eu une crise d'épilepsie dans l'orchestre de l'Odéon, au moment où il récupérait son cornet.

"Pourquoi insistent-ils pour que je ne sois qu'une *ingénue* ?" demanda Nanteuil, qui voulait jouer la femme amoureuse, la coquette brillante, et tous les rôles qu'une femme peut jouer.

"C'est tout naturel", persistait Mme Doulce. "La comédie est un art d'imitation ; et on imite d'autant mieux un art qu'on ne le sent pas soi-même."

"Ne vous faites pas d'illusions, mon enfant", dit le médecin à Félicie. " Un jour *ingénue* , toujours *ingénue* . On naît Angélique ou Dorine, Célimène ou Madame Pernelle. Sur scène, certaines femmes ont toujours vingt ans, d'autres toujours trente, d'autres encore toujours soixante. Quant à vous, Mademoiselle Nanteuil, vous aurez toujours dix-huit ans et vous serez toujours une *ingénue* .

" Je suis bien content de mon travail, " répondit Nanteuil, " mais on ne peut pas m'attendre à jouer toutes *les ingénues* avec le même plaisir. Il y a un rôle, par exemple, que j'ai envie de jouer, c'est Agnès dans *L'École. des femmes* ."

A la simple évocation du nom d'Agnès, le docteur murmurait avec ravissement du milieu de ses coussins :

"Mes yeux ont-ils du mal pour en donner au monde ?"

"Agnès, ça fait partie si tu veux !" s'écria Nanteuil. "J'ai demandé à Pradel de me le donner."

Pradel, le directeur du théâtre, était un ancien comédien, un garçon éveillé et génial, débarrassé de ses illusions et qui ne nourrissait aucune espérance exagérée. Il aimait la paix, les livres et les femmes. Nanteuil avait toutes les raisons de bien parler de Pradel, et elle en parlait sans aucun sentiment de mauvaise volonté et avec une franche franchise.

"C'était honteux, dégoûtant, pourri de sa part", a-t-elle déclaré. "Il ne m'a pas laissé jouer Agnès et a donné le rôle à Falempin. Mais je dois dire que lorsque je lui ai demandé, je n'ai pas fait le bon choix. Alors qu'elle sait comment le tacler, si vous voulez ! Mais qu'importe ! Si Pradel ne me laisse pas jouer Agnès, il peut aller au diable, et son sale spectacle de Punch et Judy aussi !"

Madame Doulce continuait à prodiguer ses préceptes ignorés. C'était une actrice de mérite, mais elle était vieille et épuisée et n'obtenait plus d'engagements. Elle donnait des conseils aux débutants, écrivait leurs lettres pour eux et gagnait ainsi, le matin ou le soir, ce qui était presque chaque jour son seul repas.

" Docteur, " demanda Félicie, pendant que Mme Michon lui attachait au cou un ruban de velours noir : " Vous dites que mes vertiges sont dus à mon ventre. En êtes-vous sûr ? "

Avant que Trublet pût répondre, madame Doulce s'écria que les vertiges venaient toujours de l'estomac, et que deux ou trois heures après les repas elle éprouvait une sensation de distension dans le sien, et qu'elle demandait alors un remède au médecin.

Mais Félicie réfléchissait, car elle était capable de penser.

« Docteur, dit-elle soudain, je voudrais vous poser une question qui vous semblera peut-être drôle ; mais je veux vraiment savoir si, étant donné que vous savez exactement ce qu'il y a dans le corps humain, et que tu as vu tout ce que nous avons en nous, cela ne te gêne pas, à certains moments, dans tes rapports avec les femmes ? Il me semble que l'idée de tout cela doit te dégoûter.

Du fond de ses coussins Trublet, adressant un baiser à Félicie, répondit :

"Ma chère enfant, il n'y a pas de tissu plus délicatement délicat, plus riche et plus beau que la peau d'une jolie femme. C'est ce que je me disais tout à l'heure, en contemplant ta nuque, et tu comprendras bien que, sous une telle impression————"

Elle lui fit une grimace de singe dédaigneux.

« Vous pensez qu'il est spirituel, je suppose, de dire des bêtises quand quelqu'un vous pose une question sérieuse ?

"Eh bien, puisque vous le souhaitez, mademoiselle, vous aurez une réponse instructive. Il y a une vingtaine d'années, nous avions, dans la salle d'autopsie de l'hôpital Saint-Joseph, un vieux gardien ivre, nommé papa Rousseau, qui tous les jours Le jour, à onze heures, on déjeunait au bout de la table sur laquelle gisait le cadavre. Il déjeunait parce qu'il avait faim. Rien n'empêche les gens qui ont faim de manger dès qu'ils ont quelque chose à manger. Papa Rousseau disait : "Je ne sais pas si c'est à cause de l'ambiance de la salle, mais il me faut quelque chose de frais et d'appétissant."

"Je comprends", dit Félicie. "Les petites bouquetières, c'est ce que tu veux. Mais tu ne dois pas, tu sais. Et là, tu es assis comme un Turc et tu n'as pas encore rédigé mon ordonnance." Elle lui lança un regard interrogateur. "Où est l'estomac exactement ?"

La porte était restée entrouverte. Un jeune homme, très joli garçon et fort à la mode, la poussa et, après avoir fait quelques pas dans le cabinet de toilette, lui demanda poliment s'il pouvait entrer.

"Oh c'est toi!" dit Nanteuil. Et elle lui tendit la main, qu'il baisa avec plaisir, cérémonie et fatuité.

"Comment allez-vous, docteur Socrate ?" » s'enquit-il sans faire preuve de courtoisie particulière envers Mme Doulce.

Trublet était souvent abordé de cette manière, à cause de son nez retroussé et de son discours subtil. Désignant Nanteuil, il dit :

" Monsieur de Ligny, vous voyez devant vous une jeune dame qui n'est pas bien sûre d'avoir du ventre. C'est une question sérieuse. Nous lui conseillons de se référer, pour la réponse, à la petite fille qui a mangé trop de confiture. sa mère lui dit : « Tu vas te blesser au ventre. L'enfant répondit : "Il n'y a que les dames qui ont du ventre ; les petites filles n'en ont pas."

"Dieu, comme vous êtes idiot, docteur !" s'écria Nanteuil.

"Je voudrais que vous disiez la vérité, mademoiselle. La bêtise est la capacité du bonheur. C'est le contenu souverain. C'est l'atout premier d'une société civilisée."

— Vous êtes paradoxal, mon cher docteur, dit M. de Ligny. "Mais je vous l'accorde, il vaut mieux être idiot puisque tout le monde est idiot que d'être intelligent puisque personne d'autre n'est intelligent."

"C'est vrai, ce que dit Robert !" s'écria Nanteuil sincèrement impressionné. Et elle ajouta pensivement : " En tout cas, docteur, une chose est sûre. C'est que la bêtise empêche souvent de faire des bêtises. Je l'ai remarqué maintes fois. Qu'on prenne des hommes ou des femmes, ce ne sont pas les plus bêtes. " qui agissent le plus bêtement. Par exemple, il y a des femmes intelligentes qui sont stupides avec les hommes.

"Vous voulez dire ceux qui ne peuvent pas s'en passer."

"On ne peut rien te cacher, mon petit Socrate."

" Ah, " soupira la grande Doulce, " quel terrible esclavage c'est ! Toute femme qui ne peut contrôler ses sens est perdue pour l'art. "

Nanteuil haussait ses jolies épaules qui gardaient encore quelque chose de l'angularité de la jeunesse.

"Oh, mon arrière-grand-mère ! Ne plaisante pas avec les jeunes ! Quelle idée ! De ton temps, les actrices contrôlaient-elles... comment dis-tu ? Des bâtons de violon ! Elles ne les contrôlaient pas du tout !"

Constatant que Nanteuil s'énervait, le gros Doulce se retira avec dignité et prudence. Une fois dans le passage, elle donna un autre conseil :

" N'oublie pas, ma chérie, de jouer Angélique en 'bourgeon'. Le rôle l'exige."

Mais Nanteuil, les nerfs à vif, n'y prêta pas attention.

" Vraiment, dit-elle en s'asseyant devant sa coiffeuse, elle me fait bouillir, cette vieille Doulce, avec sa moralité. Croit-elle qu'on a oublié ses aventures ? Si oui, elle se trompe. Madame Ravaud raconte une de ses aventures. " eux six jours sur sept. Tout le monde sait qu'elle a réduit son mari, le musicien, à un tel état d'épuisement qu'un soir il est tombé dans son cornet. Quant à ses amants, des hommes magnifiques, demandez simplement à Madame Michon pourquoi, en moins. Pendant plus de deux ans, elle n'en a fait que des ombres, de simples souffles. C'est ainsi qu'elle les contrôlait ! Et si quelqu'un lui avait dit qu'elle était perdue pour l'art !

Le docteur Trublet étendit ses deux mains, paumes en dehors, vers Nanteuil, comme pour l'arrêter.

" Ne vous excite pas, mon enfant. Madame Doulce est sincère. Elle aimait les hommes, maintenant elle aime Dieu. On aime ce qu'on peut, comme on peut et avec ce qu'on a. Elle est devenue chaste et pieuse au besoin. Elle est assidue dans les pratiques de sa religion : elle va à la messe les dimanches et les jours de fête, elle...

"Eh bien, elle a raison d'aller à la messe", affirma Nanteuil. "Michon, allume-moi une bougie, pour chauffer mon rouge. Il faut que je refasse mes lèvres. Certes, elle a bien raison d'aller à la messe, mais la religion ne le fait pas." interdire d'avoir un amant.

"Tu ne crois pas ?" demanda le docteur.

"Je connais ma religion mieux que toi, c'est sûr !"

Une cloche lugubre sonna, et la voix lugubre du call-boy se fit entendre dans les couloirs :

"Le lever de rideau est terminé !"

Nanteuil se leva et passa à son poignet un ruban de velours orné d'un médaillon d'acier. Madame Michon était à genoux arrangeant les trois plis Watteau de la robe rose, et, la bouche pleine d'épingles, délivrait d'un coin de ses lèvres la maxime suivante :

"Il y a une bonne chose à être vieux, c'est que les hommes ne peuvent plus te faire souffrir."

Robert de Ligny sortit une cigarette de son étui.

"Puis-je?" Et il se dirigea vers la bougie allumée sur la coiffeuse.

Nanteuil, qui ne le quittait pas des yeux, voyait sous sa moustache rouge et claire comme une flamme ses lèvres rouges à la lueur des bougies, aspirant et soufflant la fumée. Elle sentit une légère chaleur dans ses oreilles. Faisant semblant de regarder parmi ses bibelots, elle effleura de ses lèvres le cou de Ligny et lui murmura :

"Attends-moi après le spectacle, dans un fiacre, au coin de la rue de Tournon."

A ce moment, des bruits de voix et de pas se firent entendre dans le couloir. Les acteurs du lever de rideau regagnaient leurs loges.

"Docteur, passez-moi votre journal."

"C'est très inintéressant, mademoiselle."

"Peu importe, laisse tomber."

Elle le prit et le tint comme un écran au-dessus de sa tête.

"La lumière me fait mal aux yeux", a-t-elle observé.

Il est vrai qu'une lumière trop vive lui donnait parfois mal à la tête. Mais elle venait de se voir dans la glace. Avec ses paupières bleuies, ses cils enduits d'une pâte noire, ses joues peintes à la graisse, ses lèvres teintées de rouge en forme de petit cœur, il lui semblait qu'elle ressemblait à un cadavre peint aux yeux de verre, et elle le faisait. Je ne veux pas que Ligny la voie ainsi.

Tandis qu'elle gardait son visage dans l'ombre du journal, un grand et mince jeune homme entra dans la loge d'un pas fanfaron. Ses yeux mélancoliques étaient profondément enfoncés au-dessus d'un nez en bec de corbeau ; sa bouche était figée dans un sourire pétrifié. La pomme d'Adam de sa longue gorge faisait une ombre profonde sur son cep. Il était habillé en huissier de scène.

"C'est toi, Chevalier ? Comment vas-tu, mon ami ?" » demanda gaiement le docteur Trublet, qui aimait les acteurs, préférait les mauvais et avait une prédilection particulière pour Chevalier.

"Entrez, tout le monde !" s'écria Nanteuil, ce n'est pas un cabinet de toilette, c'est un moulin.

"Mes respects néanmoins, Mme Miller!" répondit Chevalier, je vous préviens, il y a une bande d'idiots devant. Le croiriez-vous, ils m'ont fait taire !

— Ce n'est pas une raison pour entrer sans frapper, répondit sèchement Nanteuil.

Le docteur fit remarquer que M. de Ligny avait laissé la porte ouverte ; alors Nanteuil, se tournant vers Ligny, dit d'un ton de tendre reproche :

"Avez-vous vraiment laissé la porte ouverte ? Mais, quand on entre dans une pièce, on ferme la porte aux autres : c'est une des premières choses qu'on apprend."

Elle s'enveloppa dans une couverture-manteau blanche.

Le call-boy a convoqué les joueurs sur scène.

Elle saisit la main que lui tendait Ligny, et, explorant son poignet avec ses doigts, enfonça son ongle à l'endroit, près des veines, où la peau est sensible. Puis elle disparut dans le couloir sombre.

CHAPITRE II

Chevalier , ayant repris ses vêtements ordinaires, s'assit dans une loge d'angle, à côté de Madame Doulce, regardant Félicie, petite figure lointaine de la scène. Et se souvenant des jours où il l'avait tenue dans ses bras, dans son grenier de la rue des Martyrs, il pleurait de douleur et de rage.

Ils s'étaient rencontrés l'année dernière lors d'une fête donnée sous le patronage du député Lecureuil ; un spectacle-bénéfice donné en faveur des acteurs pauvres du neuvième *arrondissement* . Il avait rôdé autour d'elle, muet, affamé et les yeux flamboyants. Depuis quinze jours, il la poursuivait sans relâche. Froide et impassible, elle avait semblé l'ignorer. Puis, tout à coup, elle se rendit ; si brusquement que lorsqu'il la quitta ce jour-là, toujours radieux et émerveillé, il avait dit une bêtise. Il lui avait dit : "Et je t'ai pris pour un peu de porcelaine !" Depuis trois mois entiers, il avait goûté à des joies aussi aiguës que des douleurs. Puis Félicie était devenue insaisissable, distante et étrangère. Elle ne l'aimait plus. Il en chercha la raison, mais ne parvint pas à la découvrir. Cela le torturait de savoir qu'il n'était plus aimé ; la jalousie le torturait encore davantage. Il est vrai que dans les premières belles heures de son amour, il avait su que Félicie avait un amant, un nommé Girmandel, huissier de justice, qui habitait rue de Provence, et il l'avait profondément ressenti. Mais comme il ne l'avait jamais vu, il s'était fait de lui une idée si confuse et si mal définie que sa jalousie se perdait dans l'incertitude. Félicie lui assura qu'elle n'avait jamais été que passive dans ses relations avec Girmandel, qu'elle n'avait même pas feint de se soucier de lui. Il la croyait, et cette croyance lui procurait la plus vive satisfaction. Elle lui raconta aussi que, depuis longtemps, depuis des mois, Girmandel n'était qu'un ami et qu'il la croyait. Bref, il trompait l'huissier, et il lui était agréable de sentir qu'il jouissait de cet avantage. Il avait appris aussi que Félicie, qui terminait sa deuxième année au Conservatoire, ne s'était pas refusée à son professeur. Mais la douleur qu'il en avait ressentie fut adoucie par une coutume séculaire et vénérable. Or Robert de Ligny lui causait d'intolérables souffrances. Depuis quelque temps, il le trouvait sans cesse se balançant autour d'elle. Il ne pouvait douter qu'elle aimait Robert ; et bien qu'il se dise quelquefois qu'elle ne s'était pas encore donnée à cet homme, ce n'était pas qu'il le croyait, mais seulement qu'il voulait quelquefois adoucir l'amertume de ses souffrances.

Des applaudissements mécaniques éclatèrent au fond de la salle, et quelques membres de l'orchestre, murmurant de manière inaudible, battaient des mains lentement et sans bruit. Nanteuil venait de donner sa dernière réponse à Jeanne Perrin.

— *Brava ! Brava !* Elle est charmante, chère petite femme ! soupira Madame Doulce.

Dans sa colère jalouse, Chevalier se montra déloyal. Levant un doigt sur son front, il remarqua :

"Elle joue avec *ça* ." Puis, posant la main sur son cœur, il ajouta : « C'est avec cela qu'il faut agir.

"Merci, cher ami, merci !" murmura Mme Doulce, qui lisait dans ces maximes un éloge évident d'elle-même.

Elle avait en effet l'habitude d'affirmer que toute bonne action vient du cœur ; elle soutenait que, pour donner toute son expression à une passion, il fallait l'éprouver et sentir dans sa personne les expressions qu'on voulait représenter. Elle aimait se citer en exemple. Lorsqu'elle apparaissait comme une reine de la tragédie, après avoir vidé un gobelet de poison sur scène, ses entrailles avaient été en feu toute la nuit. Elle avait pourtant l'habitude de dire : « L'art dramatique est un art d'imitation, et on imite d'autant mieux une émotion qu'on ne l'a pas éprouvée. Et pour illustrer cette maxime, elle tira encore d'autres exemples de sa carrière triomphale.

Elle poussa un profond soupir.

" L'enfant est admirablement douée. Mais elle est à plaindre ; elle est née dans une mauvaise période. Il n'y a plus de public aujourd'hui ; pas de critiques, pas de pièces de théâtre, pas de théâtres, pas d'artistes. C'est une décadence de l'art. "

Chevalier secoua la tête.

"Pas besoin de la plaindre", dit-il. "Elle aura tout ce qu'elle peut souhaiter ; elle réussira ; elle sera riche. C'est une petite jade égoïste, et une femme égoïste peut obtenir tout ce qu'elle veut. Mais pour les gens de cœur, il n'y a plus qu'à accrocher un pierre au cou et se jeter dans la rivière. Mais moi aussi, j'irai loin. Moi aussi, je monterai haut. Moi aussi, je serai un chien égoïste.

Il se leva et sortit sans attendre la fin de la pièce. Il ne retournait pas dans la loge de Félicie, de peur d'y rencontrer Ligny, dont la vue lui était insupportable, et parce qu'en l'évitant il pouvait prétendre que Ligny n'y était pas revenu.

Conscient de la détresse physique en s'éloignant d'elle, il fit cinq ou six tours sous les arcades sombres et désertes de l'Odéon, descendit les marches dans la nuit et remonta la rue de Médicis. Les cochers somnolaient sur leurs caisses, en attendant la fin du spectacle, et, au-dessus des cimes des platanes, la lune courait à travers les nuages. Gardant dans son cœur un reste d'espoir absurde et pourtant apaisant, il alla, cette nuit, comme les autres nuits, attendre Félicie chez sa mère.

CHAPITRE III

Madame Nanteuil habitait avec sa fille un petit appartement au cinquième étage d'un immeuble du boulevard Saint-Michel, dont les fenêtres ouvraient sur le jardin du Luxembourg. Elle accueillit amicalement Chevalier, car elle avait une bonne opinion de lui parce qu'il aimait Félicie, et parce que celle-ci ne l'aimait pas en retour et ignorait par principe qu'il avait été l'amant de sa fille.

Elle le fit asseoir à côté d'elle dans la salle à manger, où brûlait un feu de coke dans le poêle. À la lueur des lampes, des revolvers et des sabres militaires avec des pompons d'or sur les nœuds de l'épée brillaient sur le mur. Ils étaient suspendus à la cuirasse d'une femme, qui était munie de plastrons ronds en fer blanc ; pièce d'armure que Félicie avait portée l'hiver dernier, alors qu'elle était encore élève au Conservatoire, en jouant le rôle de Jeanne d'Arc chez une duchesse spiritualiste. Veuve d'officier et mère d'une actrice, Madame Nanteuil, de son vrai nom Nantean, chérissait ces trophées.

"Félicie n'est pas encore rentrée, monsieur Chevalier. Je ne l'attends pas avant minuit. Elle est sur scène jusqu'à la fin de la pièce."

"Je sais, j'étais dans la première pièce. J'ai quitté le théâtre après le premier acte de *La Mère confidente* .

" Oh, monsieur Chevalier, pourquoi n'êtes-vous pas resté jusqu'au bout ? Ma fille aurait été si contente si vous aviez attendu. Quand on joue, on aime avoir des amis à la maison. "

Chevalier répondit de manière ambiguë :

"Oh, quant aux amis, il y en a beaucoup."

" Vous vous trompez, monsieur Chevalier ; les bons amis sont rares. Madame Doulce était là, bien sûr ? Était-elle contente de Félicie ? " Et elle a ajouté, avec beaucoup d'humilité : "Je serais en effet heureuse si elle pouvait vraiment faire un carton. C'est tellement difficile de s'imposer dans son métier, pour une fille qui est seule, sans soutien, sans influence ! Et elle est si nécessaire pour qu'elle réussisse, pauvre enfant !

Chevalier ne se sentait pas disposé à avoir pitié de Félicie. Avec un haussement d'épaules, il répondit sans ambages :

"Pas besoin de s'inquiéter pour ça. Elle s'en sortira. C'est une actrice dans l'âme et dans l'âme. Elle l'a dans les os, jusqu'aux jambes."

Madame Nanteuil eut un sourire discret.

"Pauvre enfant ! Elles ne sont pas très rebondies, ses jambes. La santé de Félicie n'est pas mauvaise, mais il ne faut pas qu'elle en abuse. Elle a souvent des vertiges et des maux de tête nauséabonds."

Le domestique entra déposer sur la table un plat de saucisson frit, une bouteille de vin et quelques assiettes.

Pendant ce temps, Chevalier cherchait dans son esprit la manière appropriée de poser une question qui lui tenait la langue depuis qu'il avait mis le pied dans l'escalier. Il voulait savoir si Félicie rencontrait encore Girmandel, dont il n'entendait plus prononcer le nom de nos jours. Nous sommes portés à concevoir des désirs qui conviennent à notre condition. Maintenant, dans la misère de son existence, dans la détresse de son cœur, il était plein d'un désir ardent que Félicie, qui ne l'aimait plus, aime Girmandel, qu'elle aimait peu, et il espérait de tout son cœur que Girmandel la garderait pour lui, la posséderait entièrement et ne laisserait rien d'elle à Robert de Ligny. L'idée que la jeune fille pourrait être avec Girmandel apaisait sa jalousie et il redoutait d'apprendre qu'elle avait rompu avec lui.

Bien entendu, il ne se serait jamais permis d'interroger une mère sur les amants de sa fille. Mais il était permis de parler de Girmandel à madame Nanteuil, qui ne voyait que respectable dans les relations de sa maison avec le fonctionnaire du gouvernement, riche, marié et père de deux charmantes filles. Pour introduire le nom de Girmandel dans la conversation, il n'avait qu'à recourir à un stratagème. Chevalier en trouva une qu'il trouva ingénieuse.

« A propos, dit-il, j'ai vu tout à l'heure Girmandel dans une voiture.

Madame Nanteuil ne fit aucun commentaire.

"Il roulait en taxi sur le boulevard Saint-Michel. J'ai bien cru le reconnaître. Je serais bien surpris si ce n'était pas lui."

Madame Nanteuil ne fit aucun commentaire.

"Sa barbe blonde, son teint haut en couleur, c'est un homme facile à reconnaître, Girmandel."

Madame Nanteuil ne fit aucun commentaire.

" Vous étiez très amis avec lui à une certaine époque, vous et Félicie. Le voyez-vous encore ? "

"Monsieur Girmandel? Oh oui, on le voit encore", répondit doucement Mme Nanteuil.

Ces mots rendirent Chevalier presque heureux. Mais elle l'avait trompé ; elle n'avait pas dit la vérité. Elle avait menti par amour-propre et pour ne pas révéler un secret domestique qu'elle considérait comme désobligeant à l'honneur de sa famille. La vérité était que, emportée par sa passion pour Ligny, Félicie avait donné son congé à Girmandel, et celui-ci, homme du monde, avait promptement coupé les approvisionnements. Madame Nanteuil, malgré ses années, était redevenue une ancienne amante, par amour pour son enfant, pour ne manquer de rien. Elle avait renoué sa liaison avec Tony Meyer, le marchand de tableaux de la rue de Clichy. Tony Meyer était un piètre remplaçant pour Girmandel ; il n'était pas trop libre avec son argent. Madame Nanteuil, qui était sage et connaissait le prix des choses, ne s'en plaignait pas, et elle fut récompensée de son dévouement, car, depuis six semaines qu'elle avait été aimée de nouveau, elle avait rajeuni.

Chevalier, poursuivant son idée, demanda :

"Vous ne diriez pas que Girmandel était encore un jeune homme, n'est-ce pas ?"

— Il n'est pas vieux, dit madame Nanteuil. "Un homme n'est pas vieux à quarante ans."

"Il est un peu épuisé, n'est-ce pas ?"

non, répondit madame Nanteuil très calmement.

Chevalier devint pensif et se tut. Madame Nanteuil commença à hocher la tête. Puis, tirée de sa somnolence par la servante qui apportait la salière et la gourde, elle demanda :

" Et vous, monsieur Chevalier, vous allez bien ? "

Non, tout n'allait pas bien pour lui. Les critiques voulaient le « rabaisser ». Et la preuve qu'ils s'étaient unis contre lui, c'est qu'ils disaient tous la même chose ; on disait que son visage manquait d'expression.

"Mon visage manque d'expression !" s'écria-t-il avec indignation. "On aurait dû appeler ça un visage prédestiné. Madame Nanteuil, je vise haut, et c'est ça qui me fait du mal. Par exemple, dans *La Nuit du 23 octobre* , qui est en répétition en ce moment, je suis Florentin : je n'ai que six lignes ; c'est un délavage. Mais j'ai énormément augmenté l'importance du personnage. Durville est furieux, il s'en prend délibérément à tous mes effets.

Madame Nanteuil, placide et bienveillante, trouvait les mots pour le réconforter. Il y avait sans doute des obstacles, mais on finit par les surmonter. Sa propre fille avait été victime de la mauvaise volonté de certains critiques.

"Douze heures et demi!" dit Chevalier sombrement. "Félicie est en retard."

Madame Nanteuil crut qu'elle avait été retenue par madame Doulce.

" Madame Doulce se charge en général de la reconduire chez elle, et vous savez qu'elle ne se presse jamais. "

Chevalier se leva comme pour prendre congé, pour montrer qu'il se souvenait de ses manières. Madame Nanteuil le pria de rester.

" Ne pars pas ; Félicie ne tardera pas. Elle sera contente de te trouver ici. Tu souperas avec elle. "

Madame Nanteuil s'assoupit de nouveau sur sa chaise. Chevalier regardait en silence l'horloge accrochée au mur, et, à mesure que l'aiguille parcourait le cadran, il sentait une blessure brûlante dans son cœur, qui grandissait de plus en plus, et chaque petit coup de pendule le touchait au vif, lui prêtant un œil plus attentif à sa jalousie, en enregistrant les moments que Félicie passait avec Ligny. Car il était désormais convaincu qu'ils étaient ensemble. Le calme de la nuit, interrompu seulement par le bruit sourd des fiacres qui circulaient sur le boulevard, donnait réalité aux pensées et aux images qui le torturaient. Il pouvait les voir.

Réveillée en sursaut par le bruit des chants sur le trottoir en bas, Mme Nanteuil revint à la pensée avec laquelle elle s'était endormie.

"C'est ce que je dis toujours à Félicie : il ne faut pas se décourager. Il ne faut pas se décourager. On a tous des hauts et des bas dans la vie."

Chevalier acquiesça.

« Mais ceux qui souffrent, dit-il, n'obtiennent que ce qu'ils méritent. Il suffit d'un instant pour se libérer de tous ses ennuis. N'est-ce pas ?

Elle a admis le fait ; il y avait certainement des opportunités soudaines, surtout sur scène.

"Dieu sait," poursuivit-il d'une voix grave et maussade, "ce n'est pas la scène qui m'inquiète. Je sais que je me ferai un jour un nom, et un grand. Mais à quoi bon être un grand artiste si on n'est pas content ? Il y a des soucis stupides et terribles qui palpitent dans vos tempes avec des coups aussi réguliers et réguliers que le tic-tac de cette horloge, jusqu'à vous rendre fou !

Il cessa de parler ; le regard sombre de ses yeux enfoncés tomba sur le trophée accroché au mur. Puis il poursuivit :

"Ces soucis stupides, ces souffrances ridicules, si on les supporte trop longtemps, c'est tout simplement qu'on est un lâche."

Et il toucha la crosse du revolver qu'il portait toujours dans sa poche.

Madame Nanteuil l'écoutait sereinement, avec cette douce volonté de ne rien savoir qui avait été son seul talent dans la vie.

"Une autre chose épouvantable, observa-t-elle, c'est de décider quoi manger. Félicie en a marre de tout. On ne sait pas quoi lui offrir."

Après cela, la conversation hésitante s'alanguissait, se prolongeant en phrases détachées, sans signification particulière. Madame Nanteuil, la servante, le feu de coca, la lampe, l'assiette de saucisses, attendaient Félicie dans un silence déprimant. L'horloge sonna une heure. La souffrance de Chevalier avait alors atteint la sérénité d'une marée montante. Il en était désormais certain. Les taxis n'étaient pas si fréquents et leurs roues résonnaient plus fort dans la rue. Le grondement d'un de ces taxis cessa brusquement devant la maison. Quelques secondes plus tard, il entendit le léger grincement d'une clé dans la serrure, le claquement de la porte et des pas légers dans la pièce extérieure.

L'horloge indiquait une heure et vingt-trois minutes. Il était soudain plein d'agitation, mais plein d'espoir. Elle était venue ! Qui pourrait dire ce qu'elle dirait ? Elle pourrait offrir l'explication la plus naturelle de son arrivée tardive.

Félicie entra dans la chambre, les cheveux en désordre, les yeux brillants, les joues blanches, les lèvres meurtries d'un rouge vif ; elle était fatiguée, indifférente, muette, heureuse et belle, semblant garder sous son manteau, qu'elle tenait enroulé à deux mains, un reste de chaleur et de volupté.

"Je commençais à m'inquiéter", dit sa mère. "Tu ne vas pas détacher ta cape ?"

"J'ai faim", répondit-elle. Elle s'assit sur une chaise devant la petite table ronde. Jetant son manteau sur le dossier de la chaise, elle révéla sa silhouette élancée dans sa petite robe noire d'écolière et, posant son coude gauche sur la nappe en toile cirée, elle entreprit d'enfoncer sa fourchette dans les tranches de saucisse.

"Est-ce que tout s'est bien passé ce soir ?" demanda madame Nanteuil.

"Plutôt bien."

"Vous voyez, Chevalier est venu vous tenir compagnie. C'est gentil de sa part, n'est-ce pas ?"

"Oh, Chevalier ! Eh bien, qu'il vienne à table."

Et, sans répondre davantage aux questions de sa mère, elle se mit à manger, gourmande et charmante, comme Cérès dans la maison de la vieille. Puis elle repoussa son assiette, et, s'appuyant en arrière sur sa chaise, les yeux mi-clos et les lèvres entrouvertes, elle sourit d'un sourire qui ressemblait à un baiser.

Madame Nanteuil, après avoir bu son verre de vin chaud, se leva.

"Vous m'excuserez, monsieur Chevalier, j'ai mes comptes à mettre à jour."

C'était la formule qu'elle employait habituellement pour annoncer qu'elle allait se coucher.

Resté seul avec Félicie, Chevalier lui dit avec colère :

" Je sais que je suis un imbécile et un rampant ; mais je deviens fou par amour pour toi. Tu entends, Félicie ? "

« Je devrais penser que j'entends. Tu n'as pas besoin de crier comme ça !

"C'est ridicule, n'est-ce pas ?"

"Non, ce n'est pas ridicule, c'est———"

Elle n'a pas terminé la phrase.

Il s'approcha d'elle, traînant sa chaise avec lui.

"Vous êtes arrivé à une heure vingt-cinq. C'est Ligny qui vous a raccompagné chez vous, je le sais. Il vous a ramené en taxi, je l'ai entendu s'arrêter devant la maison."

Comme elle ne répondait pas, il poursuivit :

"Niez-le, si vous le pouvez !"

Elle resta silencieuse, et il répéta, d'un ton pressant, presque suppliant :

"Dites-moi que non !"

Si elle l'avait voulu, elle aurait pu, d'une phrase, d'un seul mot, d'un petit mouvement de tête ou d'épaules, le rendre parfaitement soumis et presque heureux. Mais elle garda un silence malicieux. Les lèvres serrées et le regard lointain, elle semblait perdue dans un rêve.

Il soupira d'une voix rauque.

"Imbécile que j'étais, je n'y avais pas pensé ! Je me suis dit que tu rentrerais, comme les autres soirs, avec Madame Doulce, ou bien seule. Si j'avais su que tu allais laisser ce type te voir maison!"

"Eh bien, qu'aurais-tu fait si tu l'avais su ?"

« J'aurais dû te suivre, par Dieu !

Elle le regarda avec des yeux durs et anormalement brillants.

"Ça, je t'interdis de le faire ! Comprenez-moi ! Si j'apprends que vous m'avez suivi, ne serait-ce qu'une seule fois, je ne vous reverrai plus. D'abord, vous n'avez pas le droit de me suivre. Je suppose que je suis libre." faire ce que je veux."

Suffoqué d'étonnement et de colère, il balbutia :

"Je n'en ai pas le droit ? Je n'en ai pas le droit ? Tu me dis que je n'en ai pas le droit ?"

"Non, tu n'en as pas le droit ! D'ailleurs, je ne l'aurai pas." Son visage prit une expression de dégoût. "C'est une vilaine astuce que d'espionner une femme, si tu essaies une fois de savoir où je vais, je t'enverrai parler de tes affaires, et vite."

"Alors," murmura-t-il abasourdi, "nous ne sommes rien l'un pour l'autre, je ne suis rien pour toi. Nous ne nous sommes jamais appartenus. Mais vois, Félicie, souviens-toi..."

Mais elle perdait patience :

"Eh bien, de quoi veux-tu que je me souvienne ?"

"Félicie, souviens-toi que tu t'es donnée à moi !"

"Mon cher garçon, tu ne peux vraiment pas t'attendre à ce que je pense à ça toute la journée. Ce ne serait pas convenable."

Il la regarda un moment, plus avec curiosité que colère, et lui dit, moitié amère, moitié douce :

" On peut bien te traiter de petite jade égoïste ! Sois une, Félicie, sois une, tant que tu voudras ! Qu'importe, puisque je t'aime ? Tu es à moi ; je vais te reprendre ; je vais pour te reprendre et te garder. Réfléchis ! Je ne peux pas continuer à souffrir éternellement, comme une pauvre bête stupide. Écoute, je vais repartir à zéro. un jour, tout ira bien. Et tu seras à moi pour toujours, à moi seulement. Je suis un honnête homme, tu peux compter sur moi, dès que j'aurai une place. "

Elle le regarda avec une surprise dédaigneuse. Il croyait qu'elle avait des doutes sur son avenir dramatique, et, pour les chasser, il dit, debout sur ses longues jambes :

"Tu ne crois pas en mon étoile, Félicie ? Tu as tort. Je sens que je suis capable de créer de grands rôles. Qu'on me donne seulement un rôle, et ils verront. Et je n'ai pas en moi que de la comédie." , mais drame, tragédie, oui, tragédie.

Je sais bien prononcer des vers. Et c'est un talent qui devient rare de nos jours. Ne t'imagine donc pas, Félicie, que je t'insulte en te proposant le mariage. Nous nous marierons plus tard, dès que ce sera possible et convenable. Bien entendu, il ne faut pas se presser. En attendant, nous reprendrons nos agréables habitudes de la rue des Martyrs. Tu te souviens, Félicie, nous étions si heureux. là ! Le lit n'était pas large, mais on disait : « Cela n'a pas d'importance. » J'ai maintenant deux belles chambres rue de la Montagne-Saint-Geneviève, derrière Saint-Étienne-du-Mont. un portrait est accroché à tous les murs. Vous y trouverez le petit lit de la rue des Martyrs. Écoutez-moi, je vous en supplie : j'ai trop souffert ; j'exige que vous soyez à moi, à moi. seulement."

Pendant qu'il parlait, Félicie avait sorti de la cheminée le jeu de cartes avec lequel sa mère jouait tous les soirs, et l'étalait sur la table.

"Le mien seulement. Tu m'entends, Félicie."

"Ne me dérange pas, je suis occupé à un jeu de patience."

" Écoute-moi, Félicie. Je ne veux pas que tu reçoives cet imbécile dans ta loge. "

En regardant ses cartes, elle murmura :

"Tous les Noirs sont en bas du peloton."

"Je dis cet imbécile. C'est un diplomate, et aujourd'hui le ministère des Affaires étrangères est le refuge des incompétents." Élevant la voix, il poursuivit : "Félicie, pour toi comme pour le mien, écoute-moi !"

"Eh bien, ne crie pas, alors. Maman dort."

Il poursuivit d'une voix sourde :

"Mets-toi simplement en tête que je n'ai pas l'intention que Ligny soit ton amant."

Elle releva sa petite tête méchante et répondit :

"Et s'il est mon amant ?"

Il s'approcha d'elle, souleva sa chaise, la regarda avec un œil de fou et éclata d'un rire brisé.

"S'il est ton amant, il ne le sera pas longtemps."

Et il a laissé tomber la chaise.

Maintenant, elle était alarmée. Elle se força à sourire.

"Tu sais très bien que je plaisante !"

Elle réussit sans trop de difficultés à lui faire croire qu'elle avait parlé ainsi uniquement pour le punir, car il devenait insupportable. Il est devenu plus calme. Elle l'informa alors qu'elle était fatiguée, qu'elle tombait de sommeil. Finalement, il décida de rentrer chez lui. Sur le palier, il se tourna et dit :

"Félicie, je te conseille, si tu veux éviter un drame, de ne plus revoir Ligny."

Elle cria à travers la porte entrouverte :

« Frappez à la fenêtre de la loge du concierge pour qu'il vous laisse sortir ! »

CHAPITRE IV

Dans la salle sombre, de grands draps de lin protégeaient le balcon et les loges. L'orchestre était recouvert d'une immense toile qui, retournée sur les bords, laissait place à quelques figures humaines, indistinctement aperçues dans l'obscurité : acteurs, machinistes, costumiers, amis du directeur, mères et amants. et actrices. Çà et là brillaient deux yeux sortant des creux noirs des loges.

On répétait, pour la cinquante-sixième fois, *La Nuit du 23 octobre 1812* , drame célèbre, datant de vingt ans, et qui n'avait pas encore été joué dans ce théâtre. Les acteurs connaissaient leur rôle, et le lendemain avait été choisi pour cette dernière répétition privée que, sur des scènes moins austères que celle de l'Odéon, on appelle « la répétition des couturières ».

Nanteuil n'a joué aucun rôle dans la pièce. Mais elle avait eu affaire ce jour-là au théâtre, et, comme on lui avait dit que Marie-Claire était exécrable dans le rôle de la femme du général Malet, elle était venue la voir, cachée au fond d'une loge.

La grande scène du deuxième acte allait commencer. Le décor représentait un grenier de l'asile privé où était enfermé le conspirateur en 1812. Durville, qui remplissait le rôle du général Malet, venait de faire son entrée. Il répétait en costume : une longue redingote bleue, avec un col qui descendait jusqu'aux oreilles, et une culotte d'équitation en peau de chamois. Il était même allé jusqu'à maquiller pour le rôle son visage de soldat, rasé de près, de général de l'Empire, orné des moustaches « pattes de lièvre » que les vainqueurs d'Austerlitz ont transmises à leurs fils. , le bourgeois de juillet. Debout, le coude droit posé dans la main gauche, le front soutenu par la main droite, sa voix grave et sa culotte ajustée exprimaient sa fierté.

" Seul et sans fonds, du fond d'une prison, pour attaquer ce colosse qui commande un million de soldats et qui fait trembler tous les peuples et tous les rois de l'Europe. Eh bien, ce colosse tombera en s'écrasant à terre. "

Du fond de la scène, le vieux Maury, qui jouait le conspirateur Jacquemont, répondit :

"Il pourrait nous écraser dans sa chute."

Soudain, des cris à la fois plaintifs et colériques s'élevèrent de l'orchestre.

L'auteur explosait. C'était un homme de soixante-dix ans, débordant de jeunesse.

" Qu'est-ce que je vois là, au fond de la scène ? Ce n'est pas un acteur, c'est une cheminée. Il faudra faire venir les maçons, les marbriers pour la déplacer. Maury, bouge-toi, vous confondez!"

Maury a changé de position.

"Il pourrait nous écraser dans sa chute. Je comprends que ce ne sera pas de votre faute, Général. Votre proclamation est excellente. Vous leur promettez une constitution, la liberté, l'égalité. C'est machiavélique."

Durville répondit :

"Et dans le meilleur sens du terme. Race incorrigible, ils s'apprêtent à violer les serments qu'ils n'ont pas encore prêtés, et, parce qu'ils mentent, ils se croient machiavéliques. Que ferez-vous du pouvoir absolu, imbéciles ?"

La voix stridente de l'auteur grince :

"Tu es hors piste, Dauville."

"JE?" demanda Durville étonné.

"Oui, toi, Dauville, tu ne comprends pas un mot de ce que tu dis."

Pour les humilier, « pour les faire tomber », cet homme qui, de toute sa vie, n'avait jamais oublié le nom d'une laitière ou d'un concierge, dédaignait de se souvenir des noms des acteurs les plus illustres.

"Dauville, mon ami, refais ça pour moi."

Il pouvait bien jouer chaque rôle. Jovial, funèbre, violent, tendre, impétueux, affectueux, il prenait à volonté une voix grave ou sifflante ; il soupirait, il rugissait, il riait, il pleurait. Il pouvait se transformer, comme l'homme du conte de fées, en flamme, en rivière, en femme, en tigre.

Dans les coulisses, les acteurs n'échangeaient que des phrases courtes et dénuées de sens. Leur liberté de parole, leurs mœurs faciles, la familiarité de leurs manières ne les empêchaient pas de conserver autant d'hypocrisie qu'il est nécessaire, dans toute assemblée d'hommes, pour que l'on puisse se regarder sans sentiments d'horreur et de dégoût. Il régnait même, dans cet atelier en pleine activité, une apparence convenable d'harmonie et d'union, une unité de sentiment créée par la pensée, élevée ou banale, de l'auteur, un esprit d'ordre qui obligeait toutes les rivalités et toutes les mauvaises volontés à se transformer. en bonne volonté et en coopération harmonieuse.

Nanteuil, assise dans sa loge, était inquiète à l'idée que Chevalier était à portée de main. Depuis deux jours, depuis la nuit où il avait proféré ses obscures menaces, elle ne l'avait plus revu et la peur qu'il lui inspirait la possédait toujours. "Félicie, si tu veux éviter un drame, je te conseille de ne plus revoir Ligny." Que présageaient ces mots ? Elle réfléchit profondément à Chevalier. Ce jeune homme qui, deux jours plus tôt, lui avait semblé banal et insignifiant, qu'elle avait beaucoup trop vu, qu'elle connaissait par cœur, comme il lui apparaissait maintenant mystérieux et plein de secrets ! Comme elle s'était soudain rendu compte qu'elle ne le connaissait pas ! De quoi était-il capable ? Elle essaya de deviner. Qu'allait-il faire ? Probablement rien. Tous les hommes renversés par une femme profèrent des menaces et ne font rien. Mais Chevalier était-il un homme comme tous les autres ? Les gens disaient qu'il était fou. Ce n'étaient que des paroles. Mais elle-même n'était pas sûre qu'il n'y ait pas chez lui une étincelle de folie. Elle l'étudiait maintenant avec un véritable intérêt. Très intelligente elle-même, elle n'avait jamais découvert chez lui de grands signes d'intelligence ; mais il l'avait étonnée à plusieurs reprises par l'obstination de sa volonté. Elle se souvenait de ses actes d'une énergie féroce. Jaloux de nature, il y avait pourtant certaines choses qu'il comprenait. Il savait ce qu'une femme est obligée de faire pour gagner une place sur scène ou pour s'habiller convenablement ; mais il ne pouvait pas supporter d'être trompé par amour. Était-il le genre d'homme à commettre un crime, à faire quelque chose d'horrible ? C'était ce qu'elle ne pouvait pas décider. Elle a rappelé sa manie de manipuler des armes à feu. Lorsqu'elle lui rendait visite rue des Martyrs, elle le trouvait toujours dans sa chambre, démontant un vieux fusil de chasse et le nettoyant. Et pourtant, il n'est jamais allé tirer. Il se vantait d'être un tireur mort et portait un revolver sur lui. Mais qu'est-ce que cela prouve ? Jamais auparavant elle n'avait autant pensé à lui.

Nanteuil se tourmentait ainsi dans sa loge, lorsque Jenny Fagette vint l'y rejoindre ; Jenny Fagette, élancée et fragile, incarnation de la Muse d'Alfred de Musset, qui, la nuit, usait ses yeux bleu pervenche en griffonnant des notes de société et des articles de mode. Actrice médiocre, mais femme intelligente et merveilleusement énergique, elle était l'amie la plus intime de Nanteuil. Elles se reconnaissaient mutuellement des qualités remarquables, des qualités qui différaient de celles que chacune découvrait en elle-même, et elles agissaient de concert comme les deux grandes Puissances de l'Odéon. Cependant Fagette faisait de son mieux pour éloigner Ligny de son amie ; non par inclination, car elle était insensible comme un bâton et méprisait les hommes, mais dans l'idée qu'une liaison avec un diplomate lui procurerait certains avantages, et surtout pour ne pas manquer l'occasion de faire quelque chose de scandaleux. Nanteuil en était conscient. Elle savait que toutes ses sœurs-actrices, Ellen Midi, Duvernet, Herschell, Falempin, Stella, Marie-Claire, cherchaient à lui enlever Ligny. Elle avait vu Louise Dalle, qui s'habillait en maîtresse de musique, avait toujours l'air d'être sur le point de prendre d'assaut un omnibus, et gardait, même dans ses provocations et ses contacts accidentels, l'apparence d'une respectabilité incurable, poursuivre Ligny de ses jambes dégingandées. , et l'assaillirent des regards d'un Pasiphaé pauvre. Elle avait aussi surpris la doyenne des actrices du théâtre, leur excellente mère Ravaud, dans un couloir, dévoilant, à l'approche de Ligny, tout ce qui lui restait, ses bras magnifiques, célèbres depuis quarante ans.

Fagette, avec dégoût et du bout d'un doigt ganté, attira l'attention de Nanteuil sur la scène dans laquelle se débattaient Durville, le vieux Maury et Marie-Claire.

"Regardez ces gens. On dirait qu'ils jouent au fond de trente brasses d'eau."

"C'est parce que les lumières du haut ne sont pas allumées."

" Pas du tout. Ce théâtre a toujours l'air d'être au fond de la mer. Et dire que moi aussi, dans un instant, je dois entrer dans cet aquarium. Nanteuil, il ne faut pas s'arrêter plus d'une saison. dans ce théâtre. On s'y noie. Mais regardez-les, regardez-les !

Durville devenait presque ventriloque pour paraître plus solennel et plus viril :

« La paix, l'abolition de la loi martiale et civile combinée, et de la conscription, une solde plus élevée pour les troupes ; à défaut de fonds, quelques traites à la banque, quelques commissions convenablement réparties, voilà des moyens infaillibles.

Madame Doulce entra dans la loge. Détachant son manteau avec sa doublure pathétique en vieille peau de lapin, elle sortit un petit livre écorné.

" Ce sont les lettres de Madame de Sévigné ", dit-elle. "Vous savez que dimanche prochain je vais faire une lecture des meilleures lettres de Mme de Sévigné."

"Où?" demanda Fagette.

"Salle Renard."

Ce devait être une salle isolée et peu connue, car Nanteuil et Fagette n'en avaient pas entendu parler.

"Je fais cette lecture au bénéfice des trois pauvres orphelins laissés par l'acteur Lacour, si tristement mort de consomption cet hiver. Je compte sur vous, mes chéris, pour me procurer quelques billets."

"Tout de même, elle est vraiment ridicule, Marie-Claire !" dit Nanteuil.

Quelqu'un a gratté la porte de la loge. C'était Constantin Marc, le jeune auteur d'une pièce, *La Grille* , que l'Odéon allait répéter immédiatement ; et Constantin Marc, bien que campagnard vivant dans la forêt, ne pouvait désormais respirer qu'au théâtre. Nanteuil devait jouer le rôle principal dans la pièce. Il la regardait avec émotion, comme la précieuse amphore destinée à être le réceptacle de sa pensée.

Cependant Durville continuait d'une voix rauque :

"Si notre France ne peut être sauvée qu'au prix de notre vie et de notre honneur, je dirai, avec l'homme de 93 : 'Périssons notre mémoire !'"

Fagette montrait du doigt un jeune homme bouffi, assis dans l'orchestre, le menton appuyé sur sa canne.

"N'est-ce pas le baron Deutz ?"

« Faut-il que tu demandes ! répondit Nanteuil. "Ellen Midi est au casting. Elle joue dans le quatrième acte. Le baron Deutz est venu se montrer."

" Attendez, mes enfants, j'ai un mot à dire à ce petit mal élevé. Il m'a rencontré hier place de la Concorde et il ne m'a pas salué. "

" Quoi, baron Deutz ? Il n'a pas pu vous voir ! "

"Il m'a parfaitement bien vu. Mais il était avec son peuple. Je vais lui porter un toast. Regardez simplement, mes chers."

Elle l'appela très doucement :

"Deutz ! Deutz !"

Le baron s'approcha d'elle, souriant et content de lui, et s'accouda au bord de la loge.

"Dites-moi, Monsieur Deutz, lorsque vous m'avez rencontré hier, étiez-vous en très mauvaise compagnie pour ne pas m'avoir levé votre chapeau ?"

Il la regarda avec étonnement.

"Moi ? J'étais avec ma sœur."

"Oh!"

Sur scène, Marie-Claire, accrochée au cou de Durville, s'écria :

" Partez ! Victorieuse ou vaincue, dans la bonne ou la mauvaise fortune, votre gloire sera également grande. Quoi qu'il en soit, je saurai me montrer la femme d'un héros. "

"Ça fera l'affaire, Madame Marie-Claire !" dit Pradel.

A ce moment Chevalier faisait son entrée, et aussitôt l'auteur, s'arrachant les cheveux, déchaînait un flot d'imprécations :

"Appelez-vous cela une entrée ? C'est une dégringolade, une catastrophe, un cataclysme ! Dieux ! Un météore, un aérolithe, un morceau de lune tombant sur la scène, ce serait moins horriblement désastreux ! J'enlève ma pièce ! Chevalier, rentre, mon bon ami ! »

L'artiste qui avait dessiné les costumes, Michel, un jeune homme blond à barbe mystique, était assis au premier rang, sur le bras d'une stalle. Il se pencha et murmura à l'oreille de Roger, le décorateur :

"Et dire que c'est la cinquante-sixième fois qu'il se jette sur Chevalier avec la même fureur !"

"Eh bien, tu sais, Chevalier est vraiment mauvais", répondit Roger sans hésiter.

— Ce n'est pas qu'il soit méchant, répondit Michel avec indulgence. "Mais il a toujours l'air de rire, et rien de pire pour un comédien. Je l'ai connu quand il était enfant, à Montmartre. A l'école, ses maîtres lui demandaient : "Pourquoi tu ris ?" Il ne riait pas, il n'avait pas envie de rire, il se faisait botter les oreilles du matin au soir. Ses parents voulaient le mettre dans une usine chimique, mais il rêvait de théâtre et passait ses journées sur la Butte. Montmartre, dans l'atelier du peintre Montalent, Montalent travaillait alors jour et nuit à sa *Mort de saint Louis* , tableau immense qui fut commandé pour la cathédrale de Carthage. Un jour, Montalent lui dit : "

"Un peu moins de bruit !" cria Pradel.

" Lui dit : 'Chevalier, puisque tu n'as rien à faire, assieds-toi pour Philippe le Téméraire.' — Avec plaisir, dit Montalent, lui dit de prendre l'attitude d'un homme courbé de douleur. Plus, il se colla deux larmes grosses comme des verres de lunettes, il termina son tableau, l'envoya à Carthage. une demi-douzaine de bouteilles de champagne lui furent expédiées. Trois mois plus tard, il reçut du Père Cornemuse, chef des Missions françaises à Tunis, une lettre l'informant que son tableau de la *Mort de Saint Louis* , ayant été soumis au Cardinal-Archevêque, avait été refusé par Son Eminence, à cause de l'expression inconvenante du visage de Philippe le Téméraire qui riait en regardant le saint Roi, son père mourir sur un lit de paille, il n'en comprenait rien ; était furieux et voulait intenter une action contre le cardinal-archevêque. Son tableau lui fut restitué ; il le déballa, le regarda dans un silence sombre et cria tout à coup : « C'est vrai, Philippe le Téméraire semble se déchirer les flancs. rire. Quel imbécile j'ai été ! Je lui ai donné la tête de Chevalier, qui a toujours l'air de rire, la brute !'"

"Veux-tu rester tranquille là-bas !" cria Pradel.

Et l'auteur s'écria :

"Pradel, mon cher garçon, jette tous ces gens dans la rue."

Infatigable, il arrangeait la scène :

" Un peu plus loin, Trouville, là. Chevalier, vous vous approchez de la table, vous ramassez les documents un à un, et vous dites : " Senatus-Consultum.

Ordre du jour. Dépêches aux départements. Proclamation, " Do vous comprenez?"

"Oui, Maître. 'Senatus-Consultum. Ordre du jour. Dépêches aux départements. Proclamation.'"

"Maintenant, Marie-Claire, mon enfant, un peu plus de vie, bon sang ! Traverse ! C'est tout ! Très bien. De retour ! Bien ! Très bien ! Ressaisis-toi ! Ah la malheureuse ! Elle gâche tout !"

Il a appelé le régisseur.

"Romilly, donne-nous un peu plus de lumière, on n'y voit pas un pouce. Dauville, mon cher ami, que fais-tu là devant la loge du souffleur ! Tu as l'air collé à ça ! Rentre-toi dans la tête, une fois pour tout, que vous n'êtes pas la statue du général Malet, que vous êtes le général Malet en personne, que ma pièce n'est pas un catalogue de figures de cire, mais une tragédie vivante et émouvante, qui vous fait monter les larmes aux yeux, et... —"

Les mots lui manquèrent et il sanglota longuement dans son mouchoir. Puis il rugit :

" Nom de tonnerre ! Pradel ! Romilly ! Où est Romilly ? Ah ! le voilà, le méchant ! Romilly, je t'avais dit de rapprocher le poêle de la lucarne. Tu ne l'as pas fait. A quoi penses-tu, mon ami ?"

La répétition fut brusquement interrompue par une difficulté sérieuse. Chevalier, porteur des documents dont dépendait le sort de l'Empire, devait s'évader de sa prison par la lucarne. Le « business » de la scène n'était pas encore réglé ; il avait été impossible de le faire avant que la mise en scène ne soit terminée. On s'aperçut alors que les mesures avaient été mal prises et que la lucarne n'était pas accessible.

L'auteur est monté sur scène.

" Romilly, mon ami, le poêle n'est pas à la place fixée. Comment voulez-vous que Chevalier sorte par la lucarne ? Poussez tout de suite le poêle à droite. "

"Je le veux bien", dit Romilly, "mais nous bloquerons la porte."

"Qu'est-ce que c'est ? Nous allons bloquer la porte ?"

"Précisément."

Le directeur du théâtre, le metteur en scène, les machinistes examinaient le décor avec une sombre attention, tandis que l'auteur se taisait.

"Ne vous inquiétez pas, Maître", dit Chevalier. "Il n'y a rien à changer. Je pourrai bien sauter."

Montant sur le poêle, il réussit en effet à saisir le rebord de la fenêtre, et à se hisser jusqu'à y appuyer ses coudes, exploit qui lui avait paru impossible.

Un murmure d'admiration montait de la scène, des coulisses et de la salle. Chevalier avait produit une impression étonnante par sa force et son agilité.

"Splendide!" s'exclama l'auteur. " Chevalier, mon ami, c'est parfait. Le garçon est agile comme un singe. Je serai pendu si l'un de vous pouvait en faire autant. Si tous les rôles étaient entre de bonnes mains comme celle de Florentin, la pièce serait être porté jusqu'aux cieux. »

Nanteuil, dans sa loge, l'admirait presque. Pendant une brève seconde, il lui avait semblé plus qu'un homme, à la fois homme et gorille, et la peur qu'il lui inspirait s'était incommensurablement accrue. Elle ne l'aimait pas ; elle ne l'avait jamais aimé ; elle ne le désirait pas ; cela faisait longtemps qu'elle ne l'avait pas vraiment désiré ; et, depuis quelques jours, elle ne se voyait plus prendre plaisir à autre chose qu'à Ligny ; mais si elle s'était trouvée à ce moment seule avec Chevalier, elle se serait sentie impuissante, et elle aurait cherché à l'apaiser par sa soumission comme on apaise une puissance surnaturelle.

Sur la scène, tandis qu'on descendait des volées un *salon Empire, à travers tout le bruit des trains roulants et l'échouage des supports, l'auteur tenait toute la troupe, ainsi que tous les figurants, au creux de* sa main, et en même temps leur donnait à tous des conseils, ou leur illustrait ce qu'il attendait d'eux.

"Vous, la grande femme, la pâtissière, Madame Ravaud, n'avez-vous jamais entendu les femmes crier sur les Champs-Élysées : 'Mangez à votre faim, mesdames ! Par ici pour vous régaler !' C'est *chanté* ... Apprends juste l'air demain. Et toi, garçon-batteur, donne-moi ton tambour, je vais t'apprendre à battre le roulement, confondre, mon enfant, que c'est du mal ! que faites-vous à un bal donné par le Ministre de la Police, si vous n'avez pas de bas à horloges dorées ? Enlevez immédiatement ces bas de laine tricotés. C'est la toute dernière pièce que je jouerai dans ce théâtre. de la 10e cohorte ? Alors c'est vous ? Eh bien, mon ami, vos soldats défilent comme des cochons, avancez un peu pour que je vous apprenne à faire la révérence.

Il avait cent yeux, cent bouches, et des bras et des jambes partout.

Dans la maison, Romilly serrait la main de M. Gombaut, de l'Académie des sciences morales, venu en voisin.

" Vous pouvez dire ce que vous voulez, monsieur Gombaut, ce n'est peut-être pas exact quant aux faits, mais c'est un drame. "

« La conspiration de Malet, répondit M. Gombaut, reste et restera sans doute encore longtemps une énigme historique. L'auteur de ce drame a profité des points obscurs pour introduire des éléments dramatiques. Ce qui me semble hors de doute, c'est que le général Malet, quoique associé aux royalistes, était lui-même républicain et œuvrait au rétablissement du gouvernement populaire. Au cours de son interrogatoire au procès, il prononça une décision. expression sublime et profonde. Lorsque le président de la cour martiale lui demanda : « Qui étaient vos complices ? Malet répondit : « Toute la France, et vous-même, si j'avais réussi. »

Appuyé au bord de la loge de Nanteuil, un vieux sculpteur, aussi vénérable et aussi beau qu'un ancien satyre, regardait avec des yeux brillants et des lèvres souriantes la scène, qui en ce moment était dans un état d'agitation et de confusion.

"Etes-vous satisfait de la pièce, Maître ?" lui demanda Nanteuil.

Et le Maître, qui n'avait d'yeux que pour les os, les tendons et les muscles, répondit :

"Oui, bien sûr, mademoiselle; oui, bien sûr! Je vois là-bas une petite créature, la petite Midi, dont l'attache d'épaule est un bijou."

Il l'a souligné avec son pouce. Les larmes lui montèrent aux yeux.

Chevalier demanda s'il pouvait entrer dans la loge. Il était heureux, moins de sa réussite prodigieuse que de revoir Félicie. Il rêvait, dans son engouement, qu'elle était venue pour lui, qu'elle l'aimait, qu'elle revenait vers lui.

Elle le craignait et, comme elle était timide, elle le flattait.

"Je vous félicite, Chevalier. Vous avez été tout simplement époustouflant. Votre sortie est une merveille. Vous pouvez me croire sur parole. Je ne suis pas le seul à le dire. Fagette vous a trouvé merveilleux."

"Vraiment?" demanda Chevalier.

Ce fut l'un des moments les plus heureux de sa vie.

Une voix hurlante sortait des hauteurs désertes des troisièmes galeries, résonnant dans la maison comme le sifflet d'une locomotive.

"On n'entend pas un mot de ce que vous dites, mes enfants ; parlez plus fort et prononcez distinctement vos mots !"

L'auteur apparaissait, infiniment petit, dans l'ombre du dôme.

Alors la voix des acteurs rassemblés sur le devant de la scène, autour d'une torche de naphta, s'éleva plus distinctement :

« L'Empereur laissera les troupes se reposer quelques semaines à Moscou ; puis, avec la rapidité d'un aigle, il fondra sur Saint-Pétersbourg.

"Pique, trèfle, atout, deux points pour moi."

"Nous y passerons l'hiver, et au printemps prochain nous pénétrerons en Inde, traverserons la Perse, et la puissance britannique appartiendra au passé."

"Trente-six en diamants."

"Et moi les quatre as."

" A propos, messieurs, que dites-vous du décret impérial concernant les acteurs de Paris, daté du Kremlin ? Fini les querelles entre mademoiselle Mars et mademoiselle Leverd. "

— Regardez donc Fagette, dit Nanteuil. "Elle est charmante dans cette robe bleue Marie-Louise ornée de chinchilla."

Madame Doulce sortit de dessous ses fourrures une pile de billets déjà souillés d'avoir été trop souvent offerts.

« Maître, dit-elle en s'adressant à Constantin Marc, vous savez que dimanche prochain je dois faire une lecture, avec les remarques appropriées, des meilleures lettres de Madame de Sévigné, au profit des trois pauvres orphelins laissés par Lacour, le acteurs qui sont morts cet hiver d'une manière si déplorable.

« Avait-il du talent ? demanda Constantin Marc.

"Aucun du tout", dit Nanteuil.

– Eh bien, en quoi sa mort est-elle déplorable ?

"Oh, Maître," soupira Madame Doulce, "ne faites pas semblant d'être insensible."

"Je ne prétends pas être insensible. Mais voici quelque chose qui me surprend : la valeur que nous accordons à la vie de ceux qui ne nous intéressent pas du tout. Nous semblons croire que la vie est en soi quelque chose de précieux. Pourtant, la nature nous enseigne assez clairement que rien n'est plus indigne et plus méprisable. Autrefois, les gens étaient moins entachés de sentimentalisme. Chacun de nous tenait sa propre vie pour infiniment précieuse, mais il ne professait aucun respect pour la vie des autres. Nous étions alors plus proches de la nature. Nous avons été créés pour nous dévorer les uns les autres. Mais notre race affaiblie, énervée et hypocrite se vautre dans un cannibalisme sournois. Pendant que nous nous engloutissons, nous déclarons que la vie est sacrée, et nous ne le sommes plus. osez avouer que la vie est un meurtre."

"Cette vie est un meurtre", répétait Chevalier rêveusement, sans saisir le sens des mots.

Puis il a émis une série d'idées nébuleuses :

"Meurtre et effusion de sang, c'est possible ! Mais effusion de sang amusante et meurtre comique. La vie est une catastrophe burlesque, une comédie terrible, le masque de carnaval sur les joues tachées de sang. C'est ce que la vie signifie pour l'artiste ; l'artiste sur le scène et l'artiste en action."

Nanteuil cherchait avec inquiétude un sens à ces phrases confuses.

L'acteur a continué avec enthousiasme :

"La vie est encore une autre chose : c'est la fleur et le couteau, c'est voir rouge un jour et bleu le lendemain, c'est la haine et l'amour, la haine ravissante et délicieuse, l'amour cruel."

« Monsieur Chevalier, demanda Constantin Marc d'une voix très douce, ne vous semble-t-il pas naturel d'être un meurtrier, et ne pensez-vous pas que c'est simplement la peur d'être tué qui nous empêche de tuer ?

Chevalier répondit d'un ton profond et pensif :

" Certainement pas ! Ce ne serait pas la peur d'être tué qui m'empêcherait de tuer. Je n'ai pas peur de la mort. Mais j'éprouve un respect pour la vie des autres. Je suis humain malgré moi. J'ai pour Depuis quelque temps, j'ai réfléchi sérieusement à la question que vous venez de me poser, monsieur Constantin Marc, j'y ai réfléchi jour et nuit, et je sais maintenant que je ne pourrais tuer personne.

A cela, Nanteuil, rempli de joie, lui jeta un regard de mépris. Elle ne le craignait plus et ne lui pardonnait pas de l'avoir alarmée.

Elle s'est levée.

"Bonsoir, j'ai mal à la tête. Au revoir à demain, monsieur Constantin Marc." Et elle sortit vivement.

Chevalier courut après elle dans le couloir, descendit derrière elle l'escalier de scène et la rejoignit par la loge du portier de scène.

"Félicie, viens dîner avec moi ce soir à notre cabaret. J'en serais si heureuse si tu le voulais ! Veux-tu ?"

« Mon Dieu, non ! »

"Pourquoi tu ne le feras pas ?"

"Laissez-moi tranquille, vous me dérangez !"

Elle a tenté de s'échapper. Il l'a détenue.

"Je t'aime tellement ! Ne sois pas trop cruel avec moi !"

Faisant un pas vers lui, ses lèvres retroussées sous ses dents serrées, elle siffla à son oreille :

"C'est fini, fini, fini ! Tu m'entends ? J'en ai marre de toi."

Puis, très doucement et solennellement, il dit :

"C'est la dernière fois que nous nous parlerons ensemble. Écoute, Félicie, avant qu'un drame n'arrive, je dois te prévenir. Je ne peux pas t'obliger à m'aimer. Mais je ne compte pas que tu en aimes un autre. Pour la dernière fois Si je vous conseille de ne plus revoir monsieur de Ligny, je vous empêcherai de lui appartenir.

"Vous m'en empêcherez ? Vous ? Mon pauvre cher garçon !"

D'un ton encore plus doux, il répondit :

"Je le pense, je le ferai. Un homme peut obtenir ce qu'il veut; seulement il doit en payer le prix."

CHAPITRE V

De retour chez elle, Félicie a succombé aux larmes. Elle revit Chevalier la suppliant d'une voix désespérée, avec un air de pauvre. Elle avait entendu cette voix et vu cette expression en croisant sur les grands chemins des vagabonds épuisés de fatigue, lorsque sa mère, craignant que ses poumons ne soient atteints, l'avait emmenée passer l'hiver à Antibes chez une riche tante. Elle méprisait Chevalier pour sa douceur et ses manières tranquilles. Mais le souvenir de ce visage et de cette voix la troublait. Elle ne pouvait pas manger, elle avait l'impression d'étouffer. Le soir, elle fut prise d'une douleur intérieure si atroce qu'elle crut qu'elle allait mourir. Elle pensait que ce sentiment de prostration était dû au fait que cela faisait deux jours qu'elle n'avait pas vu Robert. Il n'était que neuf heures. Elle espérait le retrouver encore à la maison et mettait son chapeau.

"Maman, je dois aller au théâtre ce soir. Je pars."

Par considération pour sa mère, elle avait l'habitude de donner des explications aussi voilées.

"Va, mon enfant, mais ne rentre pas trop tard."

Ligny vivait avec ses parents. Il possédait, au dernier étage de la charmante maison de la rue Vernet, une petite garçonnière, éclairée par des fenêtres rondes, qu'il appelait son « œil-de-bœuf ». Félicie fit dire par le concierge qu'une dame l'attendait dans une voiture. Ligny n'aimait pas que les femmes le recherchent trop souvent au sein de sa famille. Son père, qui était dans le service diplomatique et profondément préoccupé par les intérêts étrangers du pays, restait dans un état d'ignorance incroyable quant à ce qui se passait dans sa propre maison. Mais Mme de Ligny tenait à ce que les convenances de la vie fussent observées dans son foyer, et son fils avait soin de satisfaire à ses exigences en matière d'apparence extérieure, puisqu'on ne fouillait jamais au fond des choses. Elle le laissait parfaitement libre d'aimer là où il voulait, et ce n'est que rarement, dans les moments sérieux et expansifs, qu'elle insinuait qu'il était dans l'intérêt des jeunes hommes de cultiver la connaissance de femmes de leur propre classe. C'est pourquoi Robert avait toujours dissuadé Félicie de venir le voir rue Vernet. Il avait loué, boulevard de Villiers, une petite maison où ils pouvaient se réunir en toute liberté. Mais cette fois-ci, après deux jours sans la voir, il fut très heureux de sa visite inattendue, et il descendit immédiatement.

Accoudés au dossier du fiacre, ils roulaient dans l'obscurité et la neige, au rythme tranquille de leur vieux bidonville, à travers les rues et les boulevards, tandis que l'obscurité de la nuit masquait leurs ébats.

A sa porte, l'ayant reconduite chez elle, il dit :

"Au revoir à demain."

— Oui, demain, boulevard de Villiers. Venez tôt.

Elle s'appuyait sur lui pour se préparer à descendre du taxi. Soudain, elle recula.

"Là ! Là ! Parmi les arbres. Il nous a vu. Il nous observait."

"Qui alors?"

"Un homme… quelqu'un que je ne connais pas."

Elle venait de reconnaître Chevalier. Elle sortit, sonna et, blottie dans le manteau de fourrure de Robert, attendit en tremblant que la porte s'ouvre. Lorsqu'elle fut ouverte, elle l'arrêta.

"Robert, vois-moi à l'étage, j'ai peur."

Non sans une certaine impatience, il la suivit dans les escaliers.

Chevalier avait attendu Félicie, dans la petite salle à manger, devant l'armure qu'elle portait en Jeanne d'Arc, avec Madame Nanteuil, jusqu'à une heure du matin. Il était parti à cette heure-là, l'avait guettée sur le trottoir, et, voyant le fiacre s'arrêter devant la porte, il s'était caché derrière un arbre. Il savait bien qu'elle reviendrait avec Ligny ; mais quand il les voyait ensemble, c'était comme si la terre avait béé sous lui, et, pour ne pas tomber à terre, il s'était agrippé au tronc de l'arbre. Il resta jusqu'à ce que Ligny soit sorti de la maison ; il le regarda tandis que, enveloppé dans son manteau de fourrure, il montait dans le fiacre, faisait quelques pas comme pour se jeter sur lui, s'arrêtait net, puis descendait à grands pas le boulevard.

Il poursuivit son chemin, poussé par la pluie et le vent. Ayant trop chaud, il ôta son chapeau de feutre et éprouva un certain plaisir à sentir les gouttes d'eau glacées sur son front. Il avait vaguement conscience que les maisons, les arbres, les murs et les lumières défilaient indéfiniment devant lui ; il errait en rêvant.

Il se retrouva, sans savoir comment il était arrivé là, sur un pont qu'il connaissait à peine. À mi-chemin se dressait la statue colossale d'une femme. Son esprit était maintenant au repos ; il avait pris une résolution. C'était une vieille idée qu'il avait maintenant enfoncée dans son cerveau comme un clou qui le transperçait de part en part. Il ne l'examina plus. Il calcula froidement les moyens d'exécuter la chose qu'il avait décidé de faire. Il marchait droit devant lui, au hasard, absorbé dans ses pensées et calme comme un mathématicien.

Sur le Pont des Arts, il se rend compte qu'un chien le suit. C'était un gros chien de ferme à poil long, avec des yeux de différentes couleurs, pleins de douceur, et une expression d'infinie détresse. Chevalier lui parla :

"Tu n'as pas de collier. Tu n'es pas content. Pauvre garçon, je ne peux rien pour toi."

Vers quatre heures du matin, il se trouvait avenue de l'Observatoire. En apercevant les maisons du boulevard Saint-Michel, il éprouva une impression douloureuse et se retourna brusquement vers l'Observatoire. Le chien avait disparu. Près du monument du Lion de Belfort, Chevalier s'arrêta devant une tranchée profonde qui coupait la route en deux. Contre le talus de terre excavée, sous une bâche soutenue par quatre piquets, un vieillard veillait devant un brasier. Les revers de sa casquette en peau de lapin lui tombaient sur les oreilles ; son énorme nez était d'un rouge flamboyant. Il releva la tête ; ses yeux, qui pleuraient, semblaient tout blancs, sans pupilles, chacune sertie d'un cercle de feu et de larmes. Il fourrait dans le fourneau de sa mignonne quelques morceaux de tabac de cantine, mêlés de chapelure, qui ne remplissaient pas la moitié du fourneau de sa petite pipe.

« Veux-tu du tabac, mon vieux ? demanda Chevalier en lui offrant sa bourse.

La réponse de l'homme tarda à venir. Sa compréhension ne fut pas prompte et les courtoisies l'étonnèrent. Finalement, il ouvrit une bouche toute noire et dit :

"Je ne dirai pas non à ça."

Il se leva à moitié de son siège. Un de ses pieds était chaussé d'une vieille pantoufle ; l'autre était enveloppé de haillons. Lentement, les mains engourdies par le froid, il bourra sa pipe. Il neigeait, une neige qui fondait en tombant.

"Tu vas m'excuser ?" dit Chevalier, et il se glissa sous la bâche et s'assit à côté du vieillard.

De temps en temps, ils échangeaient une remarque.

« Temps pourri ! »

"C'est ce à quoi nous nous attendons cette saison. L'hiver est dur, l'été est meilleur."

"Alors tu t'occupes du travail la nuit, mon vieux ?"

Le vieil homme répondait volontiers lorsqu'on l'interrogeait. Avant de parler, sa gorge émettait un long murmure très doux.

"Je fais une chose un jour, une autre chose un autre. Des petits boulots. Vous voyez ?"

"Vous n'êtes pas parisien ?"

"Non, je suis né dans la Creuse. J'ai travaillé comme terrassier dans les Vosges. J'en suis parti l'année de l'arrivée des Prussiens et d'autres étrangers. Ils étaient des milliers. Je ne comprends pas d'où ils venaient tous. Peut-être as-tu entendu parler de la guerre des Prussiens, jeune homme ?

Il resta longtemps silencieux puis reprit :

"Alors tu es en train de faire une virée, mon garçon. Tu n'as pas encore envie de retourner au travail ?"

"Je suis acteur", répondit Chevalier.

Le vieil homme qui ne comprenait pas demanda :

"Où sont-elles, tes oeuvres ?"

Chevalier tenait à susciter l'admiration du vieillard.

"Je joue des rôles de comédie dans un grand théâtre", a-t-il déclaré. "Je suis l'un des principaux acteurs de l'Odéon. Vous connaissez l'Odéon ?"

Le gardien secoua la tête. Non, il ne connaissait pas l'Odéon. Après un silence prolongé, il ouvrit de nouveau la caverne noire de sa bouche :

"Alors, jeune homme, tu es en liberté. Tu ne veux pas retourner aux travaux, hein ?"

Chevalier répondit :

"Lisez le journal après-demain, vous y verrez mon nom."

Le vieil homme essaya de découvrir un sens à ces mots, mais c'était trop difficile ; il y renonça et revint à son train de pensées familier.

"Quand on part en liberté, cela dure parfois des semaines et des mois."

Au point du jour, Chevalier reprit ses pérégrinations. Le ciel était laiteux. De lourdes roues brisaient le silence des routes pavées. Des voix, ici et là, résonnaient dans l'air vif. La neige ne tombait plus. Il marchait au hasard. Le spectacle de la vie renaissante de la ville le rendait presque joyeux. Sur le pont des Arts, il resta longtemps à regarder couler la Seine, après quoi il continua son chemin. Sur la place du Havre, il aperçut un café ouvert. Une légère lueur d'aube rougissait les fenêtres de la façade. Les serveurs ponçaient le pavé de briques et disposaient les tables. Il se jeta sur une chaise.

"Serveur, une absinthe."

CHAPITRE VI

Dans le fiacre, au-delà des fortifications que longeait le boulevard désert, Félicie et Robert s'étreignaient étroitement.

"Tu n'aimes pas ta Félicie à toi ? Dis-moi ! Cela ne flatte-t-il pas ta vanité de posséder une petite femme qui se fait acclamer et applaudir, dont on parle dans les journaux ? Maman colle toutes mes notices dans son album. L'album est déjà plein."

Il répondit qu'il n'avait pas attendu qu'elle réussisse pour découvrir combien elle était charmante ; et, en effet, leur liaison avait commencé alors qu'elle faisait une obscure première apparition à l'Odéon dans une reprise qui avait échoué.

"Quand tu m'as dit que tu me voulais, je ne t'ai pas fait attendre, n'est-ce pas ? Nous n'avons pas tardé à y penser ! N'avais-je pas raison ? Tu es trop sensé pour penser du mal de moi parce que je ne l'ai pas fait. fais traîner les choses. Quand je t'ai vu pour la première fois, j'ai senti que j'étais à toi, donc ça ne valait pas la peine de tarder, n'est-ce pas ?

Le fiacre s'arrêta à peu de distance des fortifications, devant une balustrade de jardin.

Cette balustrade, qui n'avait plus été peinte depuis longtemps, se dressait sur un mur recouvert de galets, assez bas et assez large pour permettre aux enfants de s'y percher. Il était masqué à mi-hauteur par une tôle de fer à bord denté, et ses pointes rouillées ne s'élevaient pas à plus de dix pieds du sol. Au centre, entre deux piliers de maçonnerie surmontés de vases en fonte, la grille formait un portail s'ouvrant par le milieu, comblé dans sa partie inférieure, et garni, à l'intérieur, de volets à persiennes vermoulues.

Ils descendirent du taxi. Les arbres du boulevard, en quatre lignes droites, soulevaient dans le brouillard leurs frêles squelettes. Ils entendirent, à travers le grand silence, le râle décroissant de leur fiacre qui revenait à la barrière, et le trot d'un cheval venant de Paris.

« Comme le pays est triste ! » dit-elle avec un frisson.

"Mais, ma chérie, le boulevard de Villiers, ce n'est pas la campagne."

Il ne pouvait pas ouvrir le portail et la serrure grinçait. Irritée par le bruit, elle dit :

"Ouvrez, faites : le bruit m'énerve."

Elle remarqua que le fiacre qui venait de Paris s'était arrêté près de leur maison, au dixième arbre environ d'où elle se tenait ; elle regarda le cheval maigre et fumant et le cocher minable, et demanda :

"Quelle est cette voiture ?"

"C'est un taxi, mon animal de compagnie."

"Pourquoi ça s'arrête ici ?"

"Ça ne s'est pas arrêté ici ? Ça s'arrête devant la maison voisine."

"Il n'y a pas de maison à côté, il n'y a qu'un terrain vague."

"Eh bien, il s'est arrêté devant un terrain vague. Que puis-je vous dire de plus ?"

"Je ne vois personne en sortir."

"Le chauffeur attend peut-être une course."

"Quoi, devant un terrain vague !"

"Probablement, ma chère. Cette serrure est rouillée."

Elle se glissa, se cachant derrière les arbres, vers l'endroit où le fiacre s'était arrêté, puis revint vers Ligny, qui avait réussi à ouvrir la porte.

"Robert, les stores du taxi sont baissés."

"Eh bien, il y a un couple amoureux à l'intérieur."

"Tu ne trouves pas qu'il y a quelque chose de bizarre dans ce taxi ?"

"Ce n'est pas beau, mais tous les taxis sont laids. Entrez."

"Il n'y a personne qui nous suit ?"

"Qui comptez-vous nous suivre ?"

"Je ne sais pas. Une de tes amies."

Mais elle ne disait pas ce qu'elle pensait.

"Entre, ma chérie."

Lorsqu'elle fut entrée dans le jardin, elle dit :

"Assurez-vous de bien fermer la porte, Robert."

Devant eux s'étendait une petite pelouse ovale.

Derrière elle se trouvait la maison, avec sa volée de trois marches, abritée par un portique en zinc, ses six fenêtres et son toit en ardoise.

Ligny l'avait loué pour un an à un vieux commis de marchand, qui s'en était lassé parce que des rôdeurs nocturnes lui volaient ses poules et ses lapins. De chaque côté du terrain en herbe, un chemin de gravier menait aux marches. Ils prirent le chemin de droite. Le gravier craquait sous leurs pieds.

— Madame Simonneau a encore oublié de fermer les volets, dit Ligny.

Madame Simonneau était une femme de Neuilly qui venait chaque matin faire le ménage.

Un grand arbre de Judée, penché d'un côté et apparemment mort, étendait jusqu'au portique une de ses branches rondes et noires.

"Je n'aime pas bien cet arbre", dit Félicie; "ses branches sont comme de grands serpents. L'un d'eux entre presque dans notre chambre."

Ils montèrent les trois marches du perron ; et, tandis qu'il cherchait dans son trousseau la clé de la porte d'entrée, elle appuya sa tête sur son épaule.

Félicie, en dévoilant sa beauté, affichait une fierté sereine qui la rendait adorable. Elle révélait dans sa nudité une satisfaction si tranquille que sa chemise, lorsqu'elle tombait à ses pieds, faisait penser à un paon blanc.

Et quand Robert la vit dans sa nudité, brillante comme les ruisseaux ou les étoiles, il dit :

"Au moins, on ne se fait pas harceler ! C'est curieux : il y a des femmes qui, même si on ne leur demande rien, s'abandonnent complètement, vont aussi loin qu'il est possible d'aller, et pourtant tout le temps. ils ne vous laisseront pas voir ne serait-ce que la largeur d'un doigt de peau.

"Pourquoi?" demanda Félicie en jouant avec les mèches aériennes de ses cheveux.

Robert de Ligny avait l'expérience des femmes. Pourtant, il ne se rendait pas compte à quel point il s'agissait d'une question insidieuse. Il avait reçu une certaine formation en sciences morales et, pour répondre, il s'inspirait des professeurs dont il avait suivi les cours.

"C'est sans doute une question de formation, de principes religieux et d'un sentiment inné qui survit même quand..."

Ce n'était pas du tout ce qu'il aurait dû répondre, car Félicie, haussant les épaules et posant ses mains sur ses hanches polies, l'interrompit brusquement :

" Eh bien, vous êtes simple ! C'est parce qu'elles ont de mauvais chiffres ! Formation ! Religion ! Ça me fait bouillir d'entendre de telles conneries ! Ai-je été moins bien élevée que les autres femmes ? Ai-je moins de religion qu'elles ? Dis-moi. , Robert, combien de femmes vraiment bien faites as-tu déjà vues ? Compte-les sur tes doigts. Oui, il y a des tas de femmes qui ne montrent pas leurs épaules ou quoi qu'elle ne laisse pas même les femmes. voyez-la se déshabiller ; quand elle met une chemise propre, elle tient l'ancienne entre ses dents, je ferais la même chose si j'étais bâti comme elle.

Elle retomba dans le silence et, avec une arrogance tranquille, passa lentement la paume de ses mains sur ses flancs et ses reins, observant fièrement :

"Et le meilleur dans tout ça, c'est qu'il n'y a pas grand-chose de moi nulle part."

Elle était consciente du charme que donnait à sa beauté la finesse gracieuse de ses formes.

Maintenant, sa tête, rejetée en arrière sur l'oreiller, baignait dans la masse de ses tresses dorées qui ruisselaient dans toutes les directions ; son corps svelte, légèrement relevé par un oreiller glissé sous ses reins, restait immobile de tout son long ; une jambe brillante s'étendait le long du bord du lit, se terminant par un pied nettement ciselé comme la pointe d'une épée. La lumière du grand feu qu'on avait allumé dans la cheminée dorait sa chair, projetait des lumières et des ombres palpitantes sur son corps immobile, le revêtant de mystère et de splendeur, tandis que ses vêtements d'extérieur et ses sous-vêtements, étendus sur les chaises et sur le tapis, attendu, comme un troupeau docile.

Elle se souleva sur son coude et posa sa joue dans sa main.

"Tu es le premier, tu l'es vraiment, je ne mens pas : les autres n'existent pas."

Il n'éprouvait aucune jalousie à l'égard du passé ; il n'avait pas peur des comparaisons. Il l'interrogea :

« Alors les autres ?

"Au début, il n'y en avait que deux : mon professeur, et il ne compte bien sûr pas, et il y avait l'homme dont je t'ai parlé, une personne solide, avec qui ma mère m'a mis aux commandes."

"Pas plus?"

"Je le jure."

"Et Chevalier ?"

"Chevalier ? Lui ? Mon Dieu, non ! Tu ne m'aurais pas fait le regarder !"

"Et le type de personne solide trouvé par ta mère, lui aussi ne compte plus ?"

" Je t'assure que, avec toi, je suis une autre femme. C'est la vérité solennelle que tu es la première à me posséder. C'est bizarre tout de même. Dès que je t'ai vu, j'ai eu envie de toi. Tout d'un coup, j'ai senti qu'il fallait que je sois Je l'ai ressenti d'une manière ou d'une autre. Quoi ? J'aurais du mal à le dire. Oh, je n'ai pas réfléchi. Avec tes manières conventionnelles, raides et glaciales, et ton apparence de petit loup aux cheveux bouclés. tu m'as plu, c'est tout ! Et maintenant, je ne pouvais plus me passer de toi.

Il lui assura que, lors de sa reddition, il avait été délicieusement surpris ; il disait toutes sortes de choses jolies et caressantes, qui avaient toutes déjà été dites.

Lui prenant la tête entre ses mains, elle dit :

"Tu as vraiment des dents de loup. Je pense que ce sont tes dents qui m'ont donné envie de toi le premier jour. Mords-moi !"

Il la serra contre son sein et sentit son corps ferme et souple répondre à son étreinte. Soudain, elle se relâcha :

"Tu n'entends pas le gravier craquer ?"

"Non."

"Écoutez : j'entends un bruit de pas sur le chemin."

Assise bien droite, le corps penché en avant, elle tendait l'oreille.

Il était déçu, excité, irrité et peut-être que son estime de soi était légèrement blessée.

"Qu'est-ce qui t'a pris ? C'est absurde."

Elle cria très fort :

"Tiens ta langue !"

Elle écoutait attentivement un léger bruit, à proximité, comme celui de branches cassées.

Tout à coup, elle sauta du lit avec une agilité si instinctive, avec un mouvement si semblable au bond rapide d'un jeune animal, que Ligny, quoique nullement d'esprit littéraire, pensa au chat métamorphosé en femme.

"Tu es fou ? Où vas-tu ?"

Soulevant un coin du rideau, elle essuya l'humidité du coin d'une vitre et regarda par la fenêtre. Elle ne voyait que la nuit. Le bruit avait complètement cessé.

Pendant ce temps, Ligny, allongé contre le mur, maussade, grommelait :

"Comme vous le ferez, mais si vous attrapez froid, tant pis pour vous !"

Elle se remit au lit. Au début, il resta quelque peu irrité ; mais elle l'enveloppait de la délicieuse fraîcheur de son corps.

Lorsqu'ils revinrent à eux, ils furent surpris de voir à l'une de leurs montres qu'il était sept heures.

Ligny alluma la lampe, une lampe à pétrole, supportée sur une colonne, avec un récipient en verre taillé à l'intérieur duquel la mèche était enroulée comme un ténia. Félicie s'est très vite habillée. Ils devaient descendre d'un étage par un escalier en bois, sombre et étroit. Il s'avança, portant la lampe, et s'arrêta dans le couloir.

"Sors, chérie, avant que j'éteigne la lampe."

Elle ouvrit la porte et recula immédiatement en poussant un grand cri. Elle avait vu Chevalier debout sur les marches extérieures, les bras étendus, grand, noir, dressé comme un crucifix. Sa main saisit un revolver. L'éclat de l'arme n'était pas perceptible ; néanmoins elle le voyait bien distinctement.

"Quel est le problème?" demanda Ligny, qui baissait la mèche de la lampe.

« Écoute, mais ne t'approche pas de moi ! s'écria Chevalier d'une voix forte. "Je vous défends de vous appartenir. C'est mon dernier souhait. Adieu, Félicie."

Et il glissa le canon du revolver dans sa bouche.

Accroupie contre le mur du passage, elle ferma les yeux. Lorsqu'elle les rouvrit, Chevalier était couché sur le côté, en face de la porte. Ses yeux étaient grands ouverts et il semblait les regarder avec un sourire. Un filet de sang coulait de sa bouche sur les dalles du porche. Un tremblement convulsif secoua son bras. Puis il cessa de bouger. Alors qu'il était allongé là, recroquevillé ; il semblait plus petit que d'habitude.

En entendant le bruit du revolver, Ligny s'était précipité en avant. Dans l'obscurité de la nuit, il souleva le corps et, aussitôt, l'abaissant doucement jusqu'au sol, il tenta d'allumer des allumettes, que le vent éteignit aussitôt. Enfin, à la lueur d'une des allumettes, il vit que la balle avait emporté une partie du crâne, que les méninges étaient mises à nu sur une surface aussi grande que la paume de la main ; cette zone était grise, suintante de sang et de forme très irrégulière, ses contours rappelant à Ligny la carte de l'Afrique. Il éprouvait un soudain sentiment de respect en présence de ce mort. Plaçant ses mains sous les aisselles, il entraîna Chevalier avec les plus minutieuses précautions dans la pièce à côté. Le laissant là, il parcourut la maison en toute hâte à la recherche de Félicie, l'appelant.

Il la trouva dans la chambre, la tête enfouie sous les couvertures du lit défait, criant : « Maman ! Maman ! et répéter les prières.

"Ne reste pas ici, Félicie."

Elle est descendue avec lui. Mais, en arrivant dans la salle, elle dit :

"Tu sais bien qu'on ne peut pas sortir par là."

Il l'a fait sortir par la porte de la cuisine.

CHAPITRE VII

Resté seul dans la maison silencieuse, Robert de Ligny ralluma la lampe. Des voix sérieuses et même un peu solennelles commençaient à parler en lui. Façonné dès l'enfance par les règles de la responsabilité morale, il éprouve désormais une sensation de regret douloureux, proche du remords. En réfléchissant au fait qu'il avait causé la mort de cet homme, sans le vouloir ni le savoir, il ne se sentait pas totalement innocent. Des lambeaux de sa formation philosophique et religieuse lui revenaient, troublant sa conscience. Les phrases des moralistes et des prédicateurs, apprises à l'école, qui étaient tombées jusqu'au plus profond de sa mémoire, lui revinrent tout à coup à l'esprit. Ses voix intérieures les lui répétaient. Ils disaient, citant quelque vieil orateur religieux : « Quand nous nous abandonnons à des irrégularités de conduite, même à celles qui sont considérées comme les moins coupables dans l'opinion du monde, nous nous exposons aux actions les plus répréhensibles. exemples effrayants, que la volupté conduit au crime.

Ces maximes, auxquelles il n'avait jamais réfléchi, prirent soudain pour lui un sens précis et austère. Il réfléchit sérieusement à la question. Mais comme son esprit n'était pas profondément religieux et qu'il était incapable d'entretenir des scrupules exagérés, il n'avait conscience que d'un degré passable d'édification, qui diminuait progressivement. Il ne tarda pas à décider que de tels scrupules n'étaient pas de mise et qu'ils ne pouvaient pas s'appliquer à la situation. "Quand nous nous livrons à des irrégularités de conduite, même à ceux qui sont considérés comme les moins coupables dans l'opinion du monde... Nous apercevons, aux exemples les plus effrayants..." Ces phrases, qui il y a peu de temps encore avaient résonnait dans son âme comme un coup de tonnerre, il entendait maintenant dans les voix reniflantes et rauques des professeurs et des prêtres qui les lui avaient enseignés, et il les trouvait un peu ridicules. Par une association naturelle d'idées, il se souvint d'un passage d'une ancienne histoire romaine, qu'il avait lu, en seconde, au cours d'un certain cours d'études, et qui s'était imprimé dans son esprit, quelques lignes concernant une dame qui fut reconnu coupable d'adultère et accusé d'avoir incendié Rome. "Il est tellement vrai", commentait l'historien, "que celui qui viole les lois de chasteté est capable de n'importe quel crime." Il sourit intérieurement à ce souvenir, pensant que les moralistes, après tout, avaient de drôles d'idées sur la vie.

La mèche, qui carbonisait, donnait une lumière insuffisante. Il n'arrivait pas à l'éteindre et elle dégageait une horrible odeur de paraffine. En pensant à l'auteur du passage relatif à la dame romaine, il se dit : « Effectivement, c'est une drôle d'idée qu'il a eu là !

Il se sentait rassuré quant à son innocence. Son léger sentiment de remords s'était entièrement évaporé, et il ne concevait pas comment il avait pu se croire un instant responsable de la mort de Chevalier. Pourtant, l'affaire le troublait.

Soudain, il pensa : « Et s'il était encore en vie !

Tout à l'heure, l'espace d'une seconde, à la lueur d'une allumette éteinte dès qu'elle était allumée, il avait aperçu le trou dans le crâne de l'acteur. Mais et s'il avait mal vu ? Et s'il avait pris une simple écorchure de la peau pour une grave lésion du cerveau et du crâne ? L'homme conserve-t-il son pouvoir de jugement dans les premiers instants de surprise et d'horreur ? Une blessure peut être hideuse sans être mortelle, ni même particulièrement grave. Il lui avait certainement semblé que cet homme était mort. Mais était-il un médecin, capable de juger avec certitude ?

Il perdit patience avec la mèche qui carbonisait encore et murmura :

"Cette lampe suffit à en empoisonner une."

Puis, se rappelant un tour de langage habituel au docteur Socrate, dont il ignorait l'origine, il répéta mentalement :

"Cette lampe pue comme trente-six charrettes de diables."

Il lui vint à l'esprit plusieurs tentatives de suicide avortées. Il se souvenait d'avoir lu dans un journal qu'un homme marié, après avoir tué sa femme, lui avait, comme Chevalier, tiré un coup de revolver dans la bouche, mais n'avait réussi qu'à lui briser la mâchoire ; il se souvint que dans son club, un sportif de renom, après un scandale de cartes, avait tenté de se faire sauter la cervelle mais s'était simplement tiré une balle dans l'oreille. Ces exemples s'appliquaient à Chevalier avec une exactitude frappante.

"Supposons qu'il ne soit pas mort."

Il souhaitait et espérait contre toute évidence que le malheureux respire encore, qu'il puisse être sauvé. Il songea à aller chercher des pansements, à prodiguer les premiers soins. Dans l'intention de réexaminer l'homme étendu dans la pièce de devant, il souleva trop brusquement la lampe, qui émettait encore une lumière insuffisante, et l'éteignit ainsi. Alors, surpris par l'obscurité soudaine, il perdit patience et s'écria :

"C'est foutu cette foutue chose !"

En l'allumant, il se flattait de l'idée que Chevalier, une fois transporté à l'hôpital, reprendrait connaissance, et vivrait, et le voyant déjà debout, juché sur ses longues jambes, braillant, s'éclaircissant la gorge, ricanant, son le désir de son rétablissement devint moins ardent ; il commençait même à cesser de le désirer, à le considérer comme ennuyeux et inconsidéré. Il se demanda anxieusement, avec un réel malaise :

" Que ferait-il s'il revenait, ce triste acteur ? Reviendrait-il à l'Odéon ? Déambulerait-il dans ses couloirs en affichant sa grande cicatrice ? Faudrait-il le revoir rôder autour de Félicie ? "

Il approcha la lampe allumée près du corps et reconnut la plaie livide et saignante, dont le contour irrégulier lui rappelait l'Afrique de ses cartes d'écolier.

De toute évidence, la mort avait été instantanée, et il ne comprenait pas comment il avait pu en douter un instant.

Il quitta la maison et se mit à arpenter le jardin. L'image de la blessure défilait devant ses yeux comme l'impression provoquée par une lumière trop vive. Elle s'éloigna de lui, augmentant de taille sur le ciel noir ; elle prenait la forme d'un continent pâle d'où il voyait affluer des nuées de petits noirs affolés, armés d'arcs et de flèches.

Il décida que la première chose à faire était d'aller chercher Mme Simonneau, qui habitait tout près, boulevard Bineau, dans la partie résidentielle du café. Il ferma soigneusement la porte et partit à la recherche de la gouvernante. Une fois sur le boulevard, il retrouva son calme. Il s'est senti très mal à l'aise à cause de l'accident ; il acceptait le fait accompli, mais il hésitait sur le sort quant aux circonstances. Puisqu'il devait y avoir un décès, il consentait à ce qu'il y en ait un, mais il en aurait préféré un autre. Il éprouvait à l'égard de celui-ci un sentiment de dégoût et de répugnance. Il se dit vaguement :

" J'avoue un suicide. Mais à quoi sert un suicide ridicule et déclamatoire ? Ce type n'aurait-il pas pu se suicider chez lui ? N'aurait-il pas pu, si sa détermination était irrévocable, l'accomplir avec discrétion, avec l'orgueil qui convient ? C'est ce qu'un gentleman aurait fait dans sa position. Alors on aurait pu le plaindre et respecter sa mémoire.

Il a rappelé mot pour mot sa conversation avec Félicie dans la chambre une heure avant le drame. Il lui demanda si elle n'avait pas été un temps la maîtresse de Chevalier. Il lui avait demandé cela, non pas parce qu'il voulait savoir, car il n'en doutait guère, mais pour montrer qu'il le savait. Et elle avait répondu avec indignation : "Chevalier ? Lui ? Bon Dieu non ! Tu ne m'aurais pas fait le regarder !"

Il ne lui reprochait pas d'avoir menti. Toutes les femmes mentent. Il appréciait plutôt la manière gracieuse et facile avec laquelle elle avait chassé cet homme de son passé. Mais il lui en voulait de s'être livrée à un acteur médiocre. Chevalier a gâté Félicie pour lui. Pourquoi prenait-elle des amants de ce genre ? Manquait-elle de goût ? N'a-t-elle pas exercé une certaine sélection ? Est-ce qu'elle s'est comportée comme une femme de la ville ? Manquait-elle d'un certain sens de la gentillesse qui avertissait les femmes de ce qu'elles pouvaient ou ne pouvaient pas faire ? Ne savait-elle pas comment se comporter ? Eh bien, c'était le genre de chose qui arrivait si les femmes n'avaient pas de race. Il reproche à Félicie l'accident survenu et se voit soulagé d'un lourd incube.

Madame Simonneau n'était pas chez elle. Il lui demanda où se trouvaient les serveurs du café, les épiciers, les filles de la blanchisserie, la police et le facteur. Enfin, suivant les indications d'un voisin, il la trouva en train de faire un cataplasme à une vieille dame, car elle était infirmière. Son visage était violet et elle empestait le cognac. Il l'a envoyée surveiller le cadavre. Il lui chargea de le couvrir d'un drap et de se tenir à la disposition du commissaire et du médecin, qui viendraient pour les détails. Elle répondit, un peu agacée, qu'elle savait, pour plaire à Dieu, ce qu'elle devait faire. Elle le savait effectivement. Madame Simonneau est née dans un milieu social obséquieux envers les autorités constituées et respectueux des morts. Mais lorsque, après avoir interrogé M. de Ligny, elle apprit qu'il avait traîné le corps dans le salon, elle ne put lui cacher qu'une telle conduite était imprudente et pouvait l'exposer à des désagréments.

"Tu n'aurais pas dû le faire", lui dit-elle. "Quand quelqu'un s'est suicidé, vous ne devez jamais le toucher avant l'arrivée de la police."

Ligny s'en alla prévenir le commissaire. La première excitation passée, il n'éprouva plus aucune surprise, sans doute parce que des événements qui, considérés de loin, paraîtraient étranges, lorsqu'ils se déroulent devant nous, paraissent tout à fait naturels, comme ils le sont en effet. Ils se déroulent de manière ordinaire, se mettent en place comme une succession de faits insignifiants et finissent par se perdre dans la banalité quotidienne de la vie. Son esprit était distrait de la mort violente d'un malheureux semblable par les circonstances mêmes de cette mort, par le rôle qu'il avait joué dans cette affaire et par l'occupation qu'elle lui imposait. En se rendant au commissariat, il se sentait aussi calme et aussi libre de tout souci mental que s'il se rendait au ministère des Affaires étrangères pour déchiffrer des dépêches.

A neuf heures du soir, le commissaire de police entra dans le jardin avec sa secrétaire et un policier. Le médecin municipal, Monsieur Hibry, arriva simultanément. Déjà, grâce à l'industrie de Mme Simonneau, toujours intéressée aux affaires d'approvisionnement, la maison exhalait une violente odeur de phénique et flambait des bougies qu'elle avait allumées. Madame Simonneau s'affairait, poussée par le désir pressant de procurer aux morts un crucifix et une branche de buis consacré. Le médecin examina le cadavre à la lueur d'une bougie.

C'était un homme corpulent au teint rougeâtre. Il respirait bruyamment. Il venait de dîner.

« La balle, une balle de gros calibre, dit-il, a pénétré par la voûte palatine, a traversé le cerveau et a finalement fracturé l'os pariétal gauche, emportant une partie de la substance cérébrale et expulsant un morceau du crâne. . La mort a été instantanée.

Il rendit la bougie à Mme Simonneau et continua :

"Des éclats du crâne ont été projetés à une certaine distance. On les retrouvera probablement dans le jardin. Je suppose que la balle était à nez rond. Une balle conique aurait causé moins de dégâts."

Cependant, le commissaire. M. Josse-Arbrissel, un homme grand et maigre, avec une longue moustache grise, ne semblait ni voir ni entendre. Un chien hurlait devant la porte du jardin.

« La direction de la blessure, dit le médecin, ainsi que les doigts de la main droite, encore contractés, sont une preuve plus que suffisante du suicide.

Il a allumé un cigare.

« Nous sommes suffisamment informés », remarque le commissaire.

"Je regrette, messieurs, de vous avoir dérangé", dit Robert de Ligny, "et je vous remercie de la manière courtoise avec laquelle vous avez exercé vos fonctions officielles."

Le secrétaire et l'agent de police, Madame Simonneau montrant le chemin, portèrent le corps jusqu'au premier étage.

Monsieur Josse-Arbrissel se rongeait les ongles et regardait dans le vide.

" Tragédie de la jalousie, dit-il, rien n'est plus courant. Nous avons ici à Neuilly une moyenne constante de morts volontaires. Sur cent suicides, trente sont causés par le jeu. Les autres sont dus à des déceptions amoureuses. pauvreté ou maladie incurable.

"Chevalier ?" demanda le Dr Hibry, qui aimait le théâtre. "Chevalier? Attendez! Je l'ai vu; je l'ai vu à une représentation-bénéfice, aux Variétés. Bien sûr! Il a récité un monologue."

Le chien a hurlé devant la porte du jardin.

" Vous n'imaginez pas, reprit le commissaire, les désastres causés dans cette municipalité par le *pari mutuel* . Je n'exagère pas lorsque j'affirme qu'au moins trente pour cent des suicides sur lesquels j'ai à enquêter sont causés par le jeu. Tout le monde Ici, chaque salon de coiffure est une agence de paris clandestine. Pas plus tard que la semaine dernière, un concierge de l'avenue du Roule a été retrouvé pendu à un arbre du bois de Boulogne. Désormais, les ouvriers, les domestiques et les jeunes employés qui jouent ne jouent pas. Ils ont besoin de se suicider. Ils s'installent dans un autre quartier, ils disparaissent, mais un homme de position, un fonctionnaire que le jeu a ruiné, qui est accablé par des créanciers bruyants, menacé de saisie et sur le point d'être traîné devant un tribunal. de justice, ne peut pas disparaître. Que va-t-il devenir ?

"Je l'ai!" s'écria le médecin. "Il a récité *Le Duel dans la prairie* . Les gens sont un peu fatigués des monologues, mais c'est très drôle. Vous vous souvenez ! "Voulez-vous vous battre avec l'épée ?" 'Non monsieur.' « Le pistolet ? » 'Non monsieur.' « Le sabre, le couteau ? 'Non monsieur.' " Ah, alors, je vois ce que tu veux. Tu n'es pas exigeant. Ce que tu veux, c'est un duel dans la prairie. Je suis d'accord. Nous remplacerons la prairie par une maison à cinq étages. Tu as le droit de te cacher dans la végétation. " .' Chevalier récitait *Le Duel dans la prairie* d'une manière très humoristique. Il m'a beaucoup amusé ce soir-là. Il est vrai que je ne suis pas un public ingrat ; j'adore le théâtre.

Le commissaire n'écoutait pas. Il suivait son propre cheminement de pensée.

« On ne saura jamais combien de fortunes et de vies sont dévorées chaque année par le *pari mutuel* . Le jeu ne libère jamais ses victimes ; quand il les a dépouillé de tout, il reste encore leur seul espoir. espérer?"

Il s'arrêta, tendant l'oreille pour entendre le cri lointain d'un vendeur de journaux, et s'élança dans l'avenue à la poursuite de l'ombre fugitive qui jappait, l'interpella et lui arracha un journal de sport qu'il étala à la lueur d'un gaz. -lampe, scrutant ses pages à la recherche de certains noms de chevaux : *Fleur-des-pois* , *La Châtelaine* , *Lucrèce* . Les yeux hagards, les mains tremblantes, abasourdi, écrasé, il laissa tomber l'écoute : son cheval n'avait pas gagné.

Et le docteur Hibry, l'observant de loin, réfléchissait qu'un jour, en sa qualité de médecin des morts, il pourrait bien être appelé à certifier le suicide de son commissaire de police, et il se décida d'avance à le faire. conclure, dans la mesure du possible, que sa mort est due à des causes accidentelles.

Soudain, il saisit son parapluie.

"Je dois partir", dit-il. "On m'a donné une place pour l'Opéra-Comique ce soir. Ce serait dommage de la gâcher."

Avant de quitter la maison, Ligny demanda à Mme Simonneau :

"Où l'as-tu mis ?"

"Dans le lit", répondit Mme Simonneau. "C'était plus convenable."

Il ne fit aucune objection, et levant les yeux vers la façade de la maison, il aperçut aux fenêtres de la chambre, à travers les rideaux de mousseline, la lumière des deux bougies que la gouvernante avait posées sur la table de nuit.

"Peut-être", dit-il, "on pourrait demander à une religieuse de veiller à ses côtés."

"Ce n'est pas nécessaire", répondit Mme Simonneau, qui avait invité des voisines de son sexe et lui avait commandé du vin et de la viande. "Ce n'est pas nécessaire, je veillerai moi-même par lui."

Ligny n'insista pas.

Le chien hurlait toujours devant le portail.

Revenant à pied vers la barrière, il aperçut, au-dessus de Paris, une lueur rougeâtre qui remplissait tout le ciel. Au-dessus des cheminées, les cheminées des usines s'élevaient grotesques et noires sur ce brouillard ardent, semblant regarder avec une familiarité ridicule l'incendie mystérieux d'un monde. Les quelques passants qu'il rencontrait sur le boulevard déambulaient tranquillement, sans lever la tête. Bien qu'il sache que lorsque les villes sont enveloppées par la nuit, l'atmosphère humide reflète souvent les lumières, se teintant de cette lueur uniforme, qui brille sans un scintillement, il s'imaginait regarder le reflet d'un vaste feu. Il acceptait sans réfléchir l'idée que Paris s'enfonçait dans l'abîme d'un prodigieux incendie ; il trouvait naturel que la catastrophe privée dans laquelle il s'était engagé se confonde avec un désastre public et que cette même nuit soit pour toute une population, comme pour lui ! une nuit d'événements sinistres.

Ayant extrêmement faim, il prit un fiacre à la barrière et se fit conduire dans un restaurant de la rue Royale. Dans la pièce lumineuse et chaleureuse, il éprouvait un sentiment de bien-être. Après avoir commandé son repas, il ouvrit un journal du soir et vit, dans le rapport parlementaire, que son ministre avait prononcé un discours. En le lisant, il étouffa un léger rire ; il se souvenait de certaines histoires racontées au Quai d'Orsay. Le ministre des Affaires étrangères était amoureux de Madame de Neuilles, une vieille dame au passé sinistre, que la rumeur publique avait élevée au rang d'aventurière et d'espionne. Il avait coutume, murmurait-on, d'essayer sur elle les discours qu'il devait prononcer à la Chambre. Ligny, qui avait été autrefois un peu l'amant de Mme de Neuilles, se représentait l'homme d'État en chemise récitant à sa bien-aimée la déclaration de principes suivante : « Loin de moi l'idée de méconnaître les susceptibilités légitimes de le sentiment national, résolument pacifique, mais jaloux de l'honneur de la France, le gouvernement le fera, etc. Cette vision le mit de bonne humeur. Il tourna la page et lut : Demain à l'Odéon, première représentation (dans ce théâtre) de *La Nuit du 23 octobre 1812* avec Messieurs Durville, Maury, Romilly, Destrée, Vicaire, Léon Clim, Valroche, Aman, Chevalier. ...

CHAPITRE VIII

Le lendemain, à une heure, *La Grille* répétait pour la première fois dans la salle verte du théâtre. Une lumière lugubre s'étendait comme un voile sur les pierres grises du toit, des galeries et des colonnes. Dans la majesté déprimante de cette architecture pâle, sous la statue de Racine, les principaux acteurs lisaient devant Pradel, le régisseur de la maison, leurs rôles qu'ils ne connaissaient pas encore. Romilly, le régisseur, et Constantine Marc, l'auteur de la pièce, étaient tous trois assis sur un canapé de velours rouge, tandis que, d'un banc en retrait entre deux colonnes, s'exhalaient la haine vigilante et la jalousie murmurée des actrices laissées de côté. du casting.

L'amant, Paul Delage, déchiffrait avec difficulté un discours :

"'Je reconnais le château avec ses murs de briques, son toit d'ardoise; le parc, où j'ai si souvent entrelacé ses initiales et les miennes sur l'écorce des arbres; l'étang dont les eaux endormies....'"

Fagette le réprimanda :

"'Attention, Aimeri, que le château ne te reconnaisse plus, que le parc n'oublie ton nom, que l'étang ne murmure : "Qui est cet étranger ?"'"

Mais elle avait un rhume et lisait un manuscrit plein de fautes.

— Ne reste pas là, Fagette : c'est le pavillon, dit Romilly.

"Comment veux-tu que je sache ça ?"

"Il y a une chaise là-bas."

"'De peur que l'étang ne murmure : "Qui est cet étranger ?"'"

"Mademoiselle Nanteuil, c'est à vous de dire... Où est passé Nanteuil ? Nanteuil !"

Nanteuil s'avança emmitouflée dans ses fourrures, son petit sac et son rôle à la main, blanche comme un drap, les yeux enfoncés, les jambes sans nerfs. Bien réveillée, elle avait vu le mort entrer dans sa chambre.

Elle a demandé :

"D'où dois-je faire mon entrée?"

"De la droite."

"D'accord."

Et elle lut :

"'Cousin, j'étais si heureux quand je me suis réveillé ce matin, je ne sais pas pourquoi. Pouvez-vous peut-être me le dire ?'"

Delage lut sa réponse :

"'Il se peut, Cécile, que ce soit dû à une dispensation spéciale de la Providence ou du destin. Le Dieu qui t'aime permet que tu souries, à l'heure des pleurs et des grincements de dents.'"

"Nanteuil, ma chérie, tu traverses la scène", dit Romilly. "Delage, écarte-toi un peu pour la laisser passer."

Nanteuil a traversé.

"'Des jours terribles, dites-vous, Aimeri ? Nos jours sont ce que nous les faisons. Ils ne sont terribles que pour les malfaiteurs.'"

Romilly l'interrompit :

"Delage, efface-toi un peu; garde-toi de la cacher au public. Encore une fois, Nanteuil."

Nanteuil répéta :

"'Des jours terribles, dites-vous, Aimeri ? Nos jours sont ce que nous les faisons. Ils ne sont terribles que pour les malfaiteurs.'"

Constantin Marc ne reconnaissait plus son œuvre, il n'entendait même plus le son de ses phrases bien-aimées, qu'il s'était si souvent répétées dans les bois du Vivarais. Abasourdi et abasourdi, il garda le silence.

Nanteuil traversa délicatement la scène et reprit sa lecture :

"'Vous me trouverez peut-être très stupide, Aimeri; dans le couvent où j'ai été élevé, j'enviais souvent le sort des victimes.'"

Delage a suivi son exemple, mais il avait oublié une page du manuscrit :

"'Il fait un temps magnifique. Déjà les invités se promènent dans le jardin.'"

Il devenait nécessaire de tout recommencer.

"'Des jours terribles, dis-tu, Aimeri...'"

Et ils procédèrent ainsi, sans se soucier de comprendre, mais avec soin de régler leurs mouvements, comme s'ils étudiaient les figures d'une danse.

"Dans l'intérêt de la pièce, il faudra faire quelques coupures", dit Pradel à l'auteur consterné.

Et Delage continuait :

"'Ne m'en veux pas, Cécile : j'ai ressenti pour toi une amitié datant de l'enfance, une de ces amitiés fraternelles qui donnent à l'amour qui naît d'elles une inquiétante apparence d'inceste.'"

"L'inceste", crie Pradel. "Vous ne pouvez pas laisser subsister le mot 'inceste', Monsieur Constantin Marc. Le public a des susceptibilités dont vous n'avez aucune idée. D'ailleurs, l'ordre des deux discours qui suivent doit être transposé. L'optique de la scène l'exige."

La répétition a été interrompue. Romilly aperçut Durville qui, dans une récréation, racontait des histoires osées.

" Durville, tu peux y aller. Le deuxième acte ne sera pas répété aujourd'hui. "

Avant de partir, le vieil acteur monta à Nanteuil, pour lui serrer la main. Estimant que c'était le moment de l'assurer de sa sympathie, il rassembla les larmes à ses yeux, comme l'aurait fait à sa place quiconque lui aurait présenté ses condoléances. Mais il l'a fait admirablement. Les pupilles de ses yeux nageaient dans leurs orbites, comme la lune au milieu des nuages. Les commissures de ses lèvres étaient rabattues en deux sillons profonds qui les prolongeaient jusqu'au bas du menton. Il semblait véritablement affligé.

« Mon pauvre chéri, soupira-t-il, je te plains, vraiment ! Voir quelqu'un pour qui on a éprouvé un... sentiment... avec qui on a... vécu dans l'intimité... le voir emporté d'un coup... un tragique. coup, c'est dur, c'est terrible ! »

Et il tendit ses mains compatissantes. Nanteuil, complètement énervée, et écrasant dans ses mains son petit mouchoir et son rôle, lui tourna le dos et siffla entre ses dents :

"Vieil idiot !"

Fagette passa son bras autour de sa taille et l'entraîna doucement jusqu'au pied de la statue de Racine, où elle lui murmura à l'oreille :

" Écoutez-moi, ma chère. Cette affaire doit être complètement étouffée. Tout le monde en parle. Si vous laissez les gens parler, ils vous marqueront à vie comme la veuve de Chevalier. "

Puis, quelque peu bavarde, elle ajouta :

"Je te connais, je suis ta meilleure amie. Je connais ta valeur. Mais attention, Félicie : les femmes sont tenues à leur propre valeur."

Chacun des traits de Fagette était raconté. Nanteuil, les joues enflammées, retenait ses larmes. Trop jeune pour posséder ou même désirer la prudence qui convient aux actrices célèbres lorsqu'elles sont en âge d'être diplômées du monde de la mode, elle était pleine d'estime d'elle-même, et depuis qu'elle savait ce que c'était que d'aimer un autre, elle était pleine d'amour-propre. désireuse d'effacer tout ce qui est démodé de son passé ; elle sentait que Chevalier, en se tuant pour elle, s'était montré publiquement envers elle avec une familiarité qui la rendait ridicule. Ignorant encore que toutes choses tombent dans l'oubli et se perdent dans le courant rapide de nos jours, que toutes nos actions coulent comme les eaux d'un fleuve, entre des rives sans mémoire, elle réfléchissait, irritée et abattue, aux pieds de Jean Racine, qui a compris son chagrin.

"Regardez-la", dit Mme Marie-Claire au jeune Delage. "Elle a envie de pleurer. Je la comprends. Un homme s'est suicidé pour moi. J'en ai été très bouleversé. C'était un comte."

"Eh bien, recommence !" cria Pradel. « Allons, mademoiselle Nanteuil, votre signal !

Sur quoi Nanteuil :

"'Cousin, j'étais si heureux quand je me suis réveillé ce matin....'"

Soudain, Madame Doulce apparut. Pesante et triste, elle laissa échapper les mots suivants :

"J'ai une très triste nouvelle. Le curé ne lui permettra pas d'entrer dans son église."

Comme Chevalier n'avait plus de relations qu'une sœur, ouvrière à Pantin, Mme Doulce s'était chargée de faire organiser les funérailles aux frais des membres de la compagnie.

Ils se rassemblèrent autour d'elle. Elle a continué:

"L'Église le rejette comme s'il était un maudit ! C'est affreux !"

"Pourquoi?" demanda Romilly.

Madame Doulce répondit d'une voix très basse et comme à contrecœur :

"Parce qu'il s'est suicidé."

"Il faut y veiller", dit Pradel.

Romilly affichait un désir ardent de rendre service.

"Le curé me connaît", dit-il. "C'est un très brave garçon. Je vais courir à Saint-Étienne-du-Mont, et je serais bien surpris si..."

Madame Doulce secoua tristement la tête :

"Tout est inutile."

— Il faut quand même qu'il y ait un service religieux, dit Romilly avec toute l'autorité d'un metteur en scène.

"Tout à fait", dit Mme Doulce.

Madame Marie-Claire, profondément exercée, pensait qu'on pouvait obliger les prêtres à dire une messe.

— Gardons notre sang-froid, dit Pradel en caressant sa vénérable barbe. "Sous Louis VIII, on a enfoncé les portes de Saint-Roch, qui étaient fermées au cercueil de mademoiselle Raucourt. Nous vivons à d'autres temps et dans d'autres circonstances. Il faut recourir à des méthodes plus douces."

Constantin Marc, voyant son grand regret que sa pièce fût abandonnée, s'était également adressé à Mme Doulce ; il lui demanda :

" Pourquoi voudriez-vous que Chevalier soit béni par l'Église ? Personnellement, je suis catholique. Pour moi, ce n'est pas une foi, c'est un système, et je considère comme un devoir de participer à toutes les pratiques extérieures de l'Église. culte. Je suis du côté de toutes les autorités. Je suis pour le juge, le militaire, le curé. Je ne peux donc pas être soupçonné de favoriser les enterrements civils. Mais je comprends mal pourquoi vous persistez à proposer le curé de Saint-Étienne-du. -Montez un cadavre qu'il répudie. Maintenant pourquoi voulez-vous que ce malheureux Chevalier aille à l'église ?"

"Pourquoi?" répondit Mme Doulce. "Pour le salut de son âme et parce que c'est plus convenable."

« Ce qui serait convenable, répondit Constantin Marc, ce serait d'obéir aux lois de l'Église, qui excommunie les suicides.

"Monsieur Constantin Marc, avez-vous lu *Les Soirées de Neuilly* ?" » s'enquit Pradel, qui était un ardent collectionneur de livres anciens et un grand lecteur. " Quoi, vous n'avez pas lu *Les Soirées de Neuilly* , de Monsieur de Fongeray ? Vous avez raté quelque chose. C'est un livre curieux, qu'on rencontre encore parfois sur les quais. Il est orné d'une lithographie d'Henry Monnier, qui est, je ne sais pourquoi, une caricature de Stendhal. Fongeray est le pseudonyme de deux libéraux de la Restauration, Dittmer et Cavé. L'ouvrage est composé de comédies et de drames qui ne peuvent être joués mais qui contiennent des scènes très intéressantes représentant les mœurs ; et coutumes. Vous y lirez comment, sous le règne de Charles X, un vicaire d'une des églises de Paris, l'abbé Mouchaud, refuserait l'enterrement à une pieuse dame, et l'accorderait à tout prix à un athée. Madame d'Hautefeuille était religieuse, mais elle possédait quelques biens nationaux. A sa mort, elle reçut les soins d'un prêtre janséniste. C'est pour cette raison qu'après sa mort, l'abbé Mouchaud refusa de la recevoir dans l'église dans laquelle elle l'avait reçue. a passé sa vie. Au même moment, dans la même paroisse, M. Dubourg, grand banquier, a bien voulu mourir. Dans son testament, il stipulait qu'il serait transporté directement au cimetière. « Il est catholique, réfléchit l'abbé Mouchaud, il nous appartient. Faisant rapidement un paquet de son étole et de son surplis, il se précipita vers la maison du mort, lui administra l'extrême-onction et le conduisit dans son église.

"Eh bien," répondit Constantin Marc, "ce vicaire était un excellent politique. Les athées ne sont pas de redoutables ennemis de l'Église. Ils ne comptent pas comme des adversaires. Ils ne peuvent pas soulever une Église contre elle, et ils ne rêvent pas de le faire. Les athées ont existé de tout temps parmi les chefs et les princes de l'Église, et beaucoup d'entre eux ont rendu des services signalés à la Papauté. En revanche, quiconque ne se soumet pas strictement à la discipline ecclésiastique et rompt avec la tradition sur un seul point, quiconque. oppose une foi à la foi, une opinion, une pratique à l'opinion admise et à la pratique commune, est un facteur de désordre, une menace de péril, et doit être extirpé. C'est ce qu'aurait dû comprendre le vicaire Mouchaud. fait cardinal. »

Madame Doulce, qui avait eu l'esprit de ne pas tout dire d'un seul coup, ajouta :

" Je ne me suis pas laissé déconcerter par l'opposition de Monsieur le Curé. J'ai supplié, j'ai supplié. Et sa réponse a été : " Nous devons une obéissance respectueuse à l'Ordinaire. Allez à l'Archevêché. Je ferai ce que Monseigneur me commande. .' Il ne me reste plus qu'à suivre ce conseil, je cours en toute hâte à l'Archevêché."

« Mettons-nous au travail », dit Pradel.

Romilly appelle à Nanteuil :

"Nanteuil ! Allons, Nanteuil, recommence toute ta scène."

Et Nanteuil dit encore :

"'Cousin, j'étais si heureux quand je me suis réveillé ce matin....'"

CHAPITRE IX

L' importance accordée par la presse au suicide du boulevard de Villiers rendait les négociations entre la Scène et l'Église d'autant plus difficiles. Les journalistes avaient donné tous les détails de l'événement, et l'abbé Mirabelle, second vicaire de l'archevêque, fit remarquer qu'ouvrir les portes de l'église paroissiale à Chevalier, dans l'état actuel des choses, c'était proclamer que les excommuniés étaient droit aux prières de l'Église.

Mais d'ailleurs, M. Mirabelle lui-même, qui a fait preuve dans cette affaire de beaucoup de sagesse et de circonspection, a ouvert la voie à une solution.

« Vous devez bien comprendre, dit-il à Mme Doulce, que l'opinion des journaux ne peut influencer notre décision. Nous y sommes absolument indifférents, et nous ne nous dérangeons pas le moins du monde, quoi qu'en disent cinquante journaux publics. Je ne sais pas si les journalistes ont dit la vérité ou l'ont déformée. Mais vous êtes notoire. Je ne peux pas le contester. Il conviendrait maintenant d'examiner de près, et à la lumière de la science, les circonstances dans lesquelles l'acte a été commis. Ne soyez pas surpris que j'invoque ainsi le secours de la science. La science n'a pas de meilleur ami que la religion. Or, dans le cas présent, la science médicale peut nous être d'une grande aide. Vous comprendrez tout à l'heure que la Mère Église n'expulse le suicide de son sein que lorsque son acte est un acte de désespoir. Les fous qui s'attaquent à leur propre vie ne sont pas ceux-là. qui ont perdu tout espoir, et l'Église ne leur refuse pas ses prières ; elle prie pour tous ceux qui sont malheureux. Or, s'il pouvait être prouvé que ce pauvre garçon avait agi sous l'emprise d'une forte fièvre ou d'un trouble mental, si un médecin était en mesure de certifier que le pauvre garçon n'était pas en possession de ses facultés lorsqu'il a tué lui-même de sa propre main, il n'y aurait aucun obstacle à la célébration d'un service religieux.

Après avoir écouté les paroles de M. l'abbé Mirabelle, Mme Doulce se hâta de retourner au théâtre. La répétition de *La Grille* était terminée. Elle trouva Pradel dans son bureau avec deux jeunes actrices dont l'une sollicitait des fiançailles, l'autre des congés. Il a refusé, conformément à son principe, de ne jamais accéder à une demande avant de l'avoir d'abord refusée. Il valorisait ainsi ses concessions les plus insignifiantes. Ses yeux brillants et sa barbe patriarcale, ses manières à la fois amoureuses et paternelles lui donnaient une ressemblance avec Lot, tel qu'on le voit entre ses deux filles dans les estampes des Maîtres anciens. Sur la table se trouvait une amphore en carton doré qui favorisait cette illusion.

"Cela n'est pas possible", disait-il à chacun d'eux. "C'est vraiment impossible, mon enfant... Eh bien, après tout, venez demain."

Après les avoir congédiés, il demanda en signant quelques lettres :

"Eh bien, madame Doulce, quelles nouvelles apportez-vous ?"

Constantin Marc, apparaissant avec Nanteuil, s'écria précipitamment :

"Et mon décor, monsieur Pradel ?"

Alors il décrivit pour la vingtième fois le paysage sur lequel le rideau devait se lever.

"Au premier plan, un vieux parc. Les troncs des grands arbres, du côté nord, sont verts de mousse. Il faut sentir l'humidité du sol."

Et le directeur répondit :

— Soyez assuré que tout ce qui peut être fait sera fait et que ce sera le plus approprié. Eh bien, madame Doulce, quelle nouvelle ?

"Il y a une lueur d'espoir", a-t-elle répondu.

« Au fond, dans une légère brume, dit l'auteur, les pierres grises et les toits d'ardoise de l'Abbaye-aux-Dames.

" Tout à fait. Je vous prie de vous asseoir, Madame Doulce ; vous avez mon attention. "

« J'ai été reçue avec la plus grande courtoisie à l'archevêché », dit Mme Doulce.

" Monsieur Pradel, il faut que les murs de l'Abbaye paraissent impénétrables, d'une grande épaisseur, et pourtant subtilisés par les brumes de la nuit prochaine. Un ciel d'or pâle... "

--Monsieur l'abbé Mirabelle, reprit madame Doulce, est un prêtre de la plus haute distinction...

"Monsieur Marc, appréciez-vous particulièrement votre ciel or pâle ?" demanda le régisseur. "Allez, Madame Doulce, continuez, je vous écoute."

"Et d'une politesse exquise. Il a fait une allusion délicate aux indiscrétions des journaux..."

A ce moment, M. Marchegeay, le régisseur, fit irruption dans la salle. Ses yeux verts brillaient et sa moustache rouge dansait comme une flamme. Les mots sortirent de sa langue :

"Ils recommencent ! Lydie, la petite super, hurle comme une hermine dans les escaliers. Elle dit que Delage a tenté de la violer. C'est au moins la dixième fois en un mois qu'elle raconte cette histoire. C'est une nuisance infernale!"

"Une telle conduite ne peut être tolérée dans une maison comme celle-ci", a déclaré Pradel. "Il faudra infliger une amende à Delage. Continuez, je vous prie, Madame Doulce."

"Monsieur l'abbé Mirabelle m'a expliqué de la manière la plus claire que le suicide est un acte de désespoir."

Mais Constantin Marc demandait avec intérêt à Pradel si Lydie, la petite gardienne, était jolie.

"Vous l'avez vue dans *La Nuit du 23 octobre* ; elle joue la femme du peuple qui, dans la Plaine de Grenelle, achète des hosties à Madame Ravaud."

"Une très jolie fille, à mon avis", a déclaré Constantin Marc.

"Sans doute", répondit Pradel. "Mais elle serait encore plus jolie si ses chevilles n'étaient pas comme des piquets."

Et Constantin Marc répondit pensivement.

"Et Delage l'a indignée. Cet homme a le sens de l'amour. L'amour est un acte simple et primitif. C'est une lutte, c'est de la haine. La violence y est nécessaire. L'amour d'un commun accord n'est qu'une obligation fastidieuse."

Et il pleurait, très excité.

"Delage est prodigieux !"

"Ne vous mettez pas dans le pétrin", dit Pradel.

"Cette même petite Lydie attire mes acteurs dans sa loge, et puis tout d'un coup elle crie qu'elle s'indigne pour leur soutirer de l'argent. C'est son amant qui lui a appris le truc, et prend la pièce. Vous disiez, Madame Doulce...

- Après une longue et intéressante conversation, reprit Mme Doulce, Monsieur l'abbé Mirabelle m'a proposé une solution favorable. Il m'a fait entendre que, pour écarter toutes les difficultés, il suffirait qu'un médecin certifie que Chevalier était malade. pas en pleine possession de ses facultés, et qu'il n'était pas responsable de ses actes.

"Mais", observa Pradel, "Chevalier n'était pas fou. Il était en pleine possession de ses facultés."

"Ce n'est pas à nous de le dire", répondit Madame Doulce. "Que savons-nous à ce sujet?"

« Non, dit Nanteuil, il n'était pas en pleine possession de ses facultés.

Pradel haussa les épaules.

"Après tout, c'est possible. La folie et la raison, c'est une question d'appréciation. À qui pourrait-on demander un certificat ?"

Madame Doulce et Pradel évoquèrent successivement trois médecins ; mais ils ne purent trouver l'adresse du premier ; le second était de mauvaise humeur, et on décida que le troisième était mort.

Nanteuil suggéra d'approcher le docteur Trublet.

"C'est une idée!" s'écria Pradel. "Demandons un certificat au docteur Socrate. Qu'est-ce qu'il y a aujourd'hui ? Vendredi. C'est son jour de consultations. Nous le retrouverons chez lui."

Le docteur Trublet habitait une vieille maison en haut de la rue de Seine. Pradel emmène Nanteuil avec lui, dans l'idée que Socrate ne refuserait rien à une jolie femme. Constantin Marc, qui ne pouvait vivre, à Paris, qu'en compagnie des gens du théâtre, les accompagnait. L'affaire Chevalier commençait à l'amuser. Il le trouvait théâtral, c'est-à-dire approprié aux artistes de théâtre. Même si l'heure des consultations était passée, le salon du médecin était encore plein de gens en quête de guérison. Trublet les renvoya et reçut ses amis du théâtre dans son salon particulier. Il se tenait devant une table encombrée de livres et de papiers. Un fauteuil réglable, infirme et cynique, s'affichait près de la fenêtre. Le directeur de l'Odéon expose l'objet de son appel et termine en disant :

"Les funérailles du Chevalier ne peuvent être célébrées dans l'église que si vous certifiez que le malheureux jeune homme n'était pas tout à fait sain d'esprit."

Le docteur Trublet déclara que Chevalier pourrait très bien se passer d'un service religieux.

" Adrienne Lecouvreur, qui valait plus que Chevalier, s'en fut privée. Mademoiselle Monime ne se fit pas dire de messe pour elle après sa mort, et, comme vous le savez, on lui refusa " l'honneur de pourrir dans un méchant cimetière en compagnie de tous les mendiants du quartier. Elle n'en était pas plus mal lotie. »

" Vous n'ignorez pas, docteur Socrate, " répondit Pradel, " que les acteurs et les actrices sont les gens les plus religieux. Ma compagnie serait profondément affligée si elle ne pouvait être présente à la célébration d'une messe pour son collègue. . Ils ont déjà obtenu la coopération de plusieurs artistes lyriques, et la musique sera très belle.

" Voilà une raison, dit Trublet, je ne la conteste pas. Charles Monselet, qui était un homme d'esprit, réfléchissait, quelques heures seulement avant sa mort, sur sa messe musicale : " Je connais beaucoup de chanteurs au Opéra, dit-il, je prendrai une *tarte Jésus aux truffes* . Mais comme, à cette occasion, l'Archevêque n'autorise pas de concert spirituel, il serait plus commode de le reporter à une autre occasion. »

« En ce qui me concerne, répondit le metteur en scène, je n'ai aucune croyance religieuse. Mais je considère que l'Église et la Scène sont deux grandes puissances sociales, et qu'il est bénéfique qu'elles soient amies et alliées. De mon côté, je ne perds jamais une occasion de sceller l'alliance. Ce carême prochain, je ferai lire à Durville un sermon de Bourdaloue. Je reçois une subvention de l'État. Je dois observer le Concordat. D'ailleurs, quoi qu'on en dise, le catholicisme est le plus. forme acceptable d'indifférence religieuse. »

"Eh bien, objecta Constantin Marc, puisque vous voulez faire preuve de déférence envers l'Église, pourquoi lui imposez-vous, par force ou par subterfuge, un cercueil dont elle ne veut pas ?"

Le docteur parla sur le même ton et termina par dire :

— Mon cher Pradel, vous n'avez plus rien à voir avec cette affaire.

" Alors Nanteuil, les yeux flamboyants, la voix sifflante, s'écria :

" Il faut qu'il aille à l'église, docteur ; signez ce qu'on vous demande, écrivez qu'il n'avait pas ses facultés, je vous en prie. "

Il n'y avait pas que la religion seule derrière ce désir. À cela s'ajoutait un sentiment intime, un fond obscur de croyances anciennes, qu'elle ignorait elle-même. Elle espérait que s'il était porté dans l'église et aspergé d'eau bénite, Chevalier serait apaisé, deviendrait un des morts paisibles et ne la tourmenterait plus. Elle craignait, d'autre part, que s'il était privé de bénédictions et de prières, il ne tournerait perpétuellement autour d'elle, maudit et maléfique. Et plus simplement encore, dans sa crainte de le revoir, elle tenait à ce que les prêtres eussent soin de l'enterrer, et que tout le monde assistât aux funérailles, pour qu'il fût d'autant plus profondément enterré ; enfin, aussi complètement enterré qu'il était possible de l'être. Ses lèvres tremblèrent et elle se tordit les mains.

Trublet, diplômé depuis longtemps en nature humaine, l'observait avec intérêt. Il comprenait et portait un intérêt particulier à la femelle de la machine humaine. Ce spécimen particulier le remplit de joie. Son visage au nez retroussé rayonnait de joie alors qu'il la regardait.

" Ne vous inquiétez pas, mon enfant. Il y a toujours moyen de s'entendre avec l'Église. Ce que vous me demandez n'est pas en mes pouvoirs ; je suis médecin laïc. Mais nous devons aujourd'hui, grâce à Dieu, les médecins religieux qui envoient leurs malades aux eaux ecclésiastiques, et dont la fonction spéciale est de constater des guérisons miraculeuses, j'en connais un qui habite dans cette partie de la ville, je vous donnerai son adresse, l'évêque refusera ; rien pour lui. Il arrangera l'affaire pour vous.

"Pas du tout", dit Pradel. "Tu as toujours fréquenté ce pauvre Chevalier. C'est à toi de remettre un certificat."

Romilly était d'accord :

"Bien sûr, docteur. Vous êtes le médecin du théâtre. Nous devons laver notre linge sale à la maison."

En même temps, Nanteuil tournait vers Socrate un regard suppliant.

— Mais, objecta Trublet, que veux-tu que je dise ?

"C'est très simple", répondit Pradel. "Dites qu'il était dans une certaine mesure irresponsable."

"Vous me demandez simplement de parler comme un chirurgien de la police. C'est trop attendre de moi."

— Vous croyez donc, docteur, que Chevalier était pleinement et entièrement responsable moralement ?

"Bien au contraire. Je suis d'avis qu'il n'était pas le moins du monde responsable de ses actes."

"Eh bien?"

"Mais je considère également que, à cet égard, il ne différait en rien de vous, de moi-même et de tous les autres hommes. Mes collègues judiciaires font une distinction entre les responsabilités individuelles. Ils ont des procédures par lesquelles ils reconnaissent l'intégralité des responsabilités, et celles qui manquent d'une ou plusieurs parties fractionnaires. C'est d'ailleurs un fait remarquable que, pour faire condamner un pauvre malheureux, ils le trouvent toujours pleinement responsable. Ne pouvons-nous donc pas considérer que leur propre responsabilité est pleine, comme la lune ?

Et le Dr Socrate entreprit de dévoiler devant les spectateurs étonnés une théorie globale du déterminisme universel. Il remonta aux origines de la vie, et, comme le Silène de Virgile qui, enduit du jus de mûres, chantait aux bergers de Sicile et à la naïade Aglaia l'origine du monde, il se déchaîna dans un flot de mots:

"De demander à un pauvre diable de répondre de ses actes ! Eh bien, alors même que le système solaire n'était encore qu'une pâle nébuleuse, formant, dans l'éther, un halo fragile, dont la circonférence était mille fois plus grande que l'orbite de Neptune, nous avions tous, depuis des siècles, été pleinement conditionnés, déterminés et irrévocablement destinés, et votre responsabilité, mon cher enfant, ma responsabilité, celle de Chevalier, et celle de tous les hommes, avaient été, non atténuées, mais abolies d'avance. Tous nos mouvements, résultats de mouvements antérieurs de la matière, sont soumis aux lois qui régissent les forces cosmiques, et le mécanisme humain n'est qu'un exemple particulier du mécanisme universel.

Désignant une armoire verrouillée, il poursuivit.

« J'ai là, contenu dans des flacons, ce qui transformerait, détruirait ou exciterait à frénésie la volonté de cinquante mille hommes.

"Je ne jouerais pas au jeu", objecta Pradel.

"Je suis d'accord, ce ne serait pas jouer le jeu. Mais ces substances ne sont pas essentiellement des produits de laboratoire. Le laboratoire combine, il ne crée rien. Ces substances sont dispersées dans la nature. A l'état libre, elles nous entourent et entrent en nous. , ils déterminent notre volonté, ils circonscrivent notre liberté de dispositif, qui n'est que l'illusion engendrée en nous par l'ignorance de nos déterminations.

"Qu'est-ce que tu veux dire ?" demanda Pradel interloqué.

"Je veux dire que notre volonté est une illusion causée par notre ignorance des causes qui nous poussent à exercer notre volonté. Ce qui veut en nous, ce n'est pas nous-mêmes, mais des myriades de cellules d'une activité prodigieuse, dont nous ne savons rien, qui ignorent de nous, qui s'ignorent les uns les autres, mais qui pourtant nous constituent. Par leur inquiétude, ils produisent d'innombrables courants que nous appelons nos passions, nos pensées, nos joies, nos souffrances, nos désirs, nos peurs et notre volonté. Nous croyons que nous sommes nos propres maîtres, alors qu'une simple goutte d'alcool stimule, puis engourdit les éléments mêmes par lesquels nous ressentons et voulons. »

Constantin Marc interrompit le médecin :

"Excusez-moi ! Puisque vous parlez de l'action de l'alcool, j'aimerais avoir votre avis à ce sujet. J'ai l'habitude de boire un petit verre d'eau-de-vie d'Armagnac après chaque repas. Ce n'est pas trop, n'est-ce pas ?"

"C'est beaucoup trop. L'alcool est un poison. Si vous avez une bouteille d'eau-de-vie chez vous, jetez-la par la fenêtre."

Pradel réfléchissait. Il considérait qu'en supprimant la volonté et la responsabilité dans toutes les choses humaines, le Dr Socrate lui faisait un préjudice personnel.

"Vous pouvez dire ce que vous voulez. La volonté et la responsabilité ne sont pas des illusions. Ce sont des réalités tangibles et puissantes. Je sais à quel point les termes de mon contrat me lient et j'impose ma volonté aux autres."

Et il ajouta avec une certaine amertume :

"Je crois à la volonté, à la responsabilité morale, à la distinction du bien et du mal. Ce sont sans doute, selon vous, des idées stupides."

" Ce sont en effet des idées stupides, " répondit le médecin, " mais elles nous conviennent très bien, puisque nous ne sommes que de simples animaux. Nous l'oublions toujours. Ce sont des idées stupides, vénérables et saines. Les hommes ont senti que, sans ces idées idées, ils deviendraient tous fous. Ils n'avaient que le choix entre la bêtise et la folie. C'est très raisonnablement qu'ils ont choisi la bêtise. »

"Quel paradoxe !" s'exclama Romilly.

Le médecin poursuivit calmement :

"La distinction entre le bien et le mal dans les sociétés humaines n'est jamais sortie de l'empirisme le plus grossier. Elle a été constituée dans un esprit tout à fait pratique et par simple commodité. Nous ne nous en soucions pas lorsqu'il s'agit d'un verre taillé ou d'un arbre. Nous Nous pratiquons l'indifférence morale à l'égard des animaux. Nous la pratiquons dans le cas des races sauvages. Cela nous permet de les exterminer sans remords. C'est ce qu'on appelle la politique coloniale. Nous ne constatons pas non plus que les croyants exigent d'eux un haut degré de moralité. Dieu. Dans l'état actuel de la société, ils n'admettraient pas volontiers qu'il était lubrique ou se compromettait avec les femmes ; mais ils pensent qu'il convient qu'il soit vindicatif et cruel. La moralité est un accord mutuel pour garder ce que nous possédons : la terre. , les maisons, les meubles, les femmes et nos vies. Elle n'implique, dans le cas de ceux qui s'y inclinent, aucune intelligence ou caractère particulier. Elle est instinctive et féroce. La loi écrite la suit de près, et est plus ou moins présente. accord harmonieux avec lui. On voit ainsi que des hommes de grand cœur, ou des hommes de génie brillant, ont presque tous été accusés d'impiété, et, comme Socrate, fils de Phenaretès, et Benoît Malon, ont été frappés par les tribunaux de leur pays. Et l'on peut affirmer qu'un homme qui n'a pas, au moins, été condamné à la prison ne fait que peu d'honneur à la terre de ses pères. »

"Il y a des exceptions", remarque Pradel.

"Peu", répondit le Dr Trublet.

Mais Nanteuil, poursuivant son idée, remarqua.

"Mon petit Socrate, tu peux bien certifier qu'il était fou. C'est la vérité. Il n'était pas sain d'esprit, je le sais trop bien."

" Sans doute était-il fou, mon cher enfant. Mais il s'agit de savoir s'il était plus fou que les autres hommes. Toute l'histoire de l'humanité, pleine de tortures, d'extases et de massacres, est l'histoire de créatures délirantes et démentes. "

" Docteur, demanda Constantin Marc, êtes-vous par hasard de ceux qui n'admirent pas la guerre ? C'est pourtant une chose magnifique, quand on y pense. Les animaux ne font que se manger les uns les autres. Les hommes ont conçu l'idée de de beaux massacres. Ils ont appris à s'entre-tuer avec des cuirasses étincelantes, des casques couronnés de plumes ou des crinières écarlates. Par l'usage de l'artillerie et l'art des fortifications, ils ont introduit la chimie et les mathématiques parmi les moyens de destruction nécessaires. La guerre est une invention sublime. Et, puisque l'extermination des êtres humains nous paraît le seul but de la vie, la sagesse de l'homme réside en ceci qu'il a fait de cette extermination un délice et une splendeur. Après tout, docteur, vous ne pouvez pas. nier que le meurtre soit une loi de la nature, et qu'il soit par conséquent divin.

Ce à quoi le Dr Socrate a répondu :

"Nous ne sommes que de misérables animaux, et pourtant nous sommes notre propre providence et nos propres dieux. Les animaux inférieurs, dont le règne immémorial a précédé le nôtre sur cette planète, l'ont transformée par leur génie et leur courage. Les insectes ont tracé des routes, creusé le sol, creusé les troncs d'arbres et les rochers, bâti des habitations, fondé des villes, métamorphosé le sol, l'air et les eaux. Le travail du plus humble d'entre eux, celui des madrépores, a créé toutes les îles et tous les continents. produit un changement moral, puisque la morale dépend du milieu. La transformation à laquelle l'homme à son tour a soumis la terre est sans doute plus profonde et plus harmonieuse que la transformation opérée par les autres animaux. Pourquoi l'humanité ne parviendrait-elle pas à changer la nature à un point tel. en la rendant pacifique ? Pourquoi l'humanité, si misérable qu'elle soit et sera-t-elle, ne réussirait-elle pas un jour à supprimer, ou du moins à contrôler la lutte pour la vie ? Pourquoi en effet l'humanité ne devrait-elle pas abolir la loi du meurtre ? On peut attendre beaucoup de la chimie. Pourtant, je ne garantis rien. Il est possible que notre race persiste dans la mélancolie, le délire, la manie, la démence et la stupeur jusqu'à sa fin lamentable au milieu de la glace et de l'obscurité. Ce monde est peut-être irrémédiablement méchant. En tout cas, j'en aurai beaucoup amusé. Cela offre à ceux qui y sont un spectacle intéressant, et je commence à penser que Chevalier était plus fou que les autres en ce sens qu'il a volontairement quitté son siège.

Nanteuil prit une plume sur le bureau et la tendit au docteur, trempée dans l'encre.

Il commença à écrire :

"Ayant été appelé à plusieurs reprises pour y assister——"

Il s'interrompit pour demander le prénom de Chevalier.

"Aimé", répondit Nanteuil.

"Aimé Chevalier, j'ai remarqué dans son organisme certains troubles de la sensibilité, de la vision et du contrôle moteur, indications ordinaires de..."

Il alla chercher un livre sur une étagère de sa bibliothèque.

"Il y a mille chances que je trouve de quoi confirmer mon diagnostic dans les conférences du professeur Ball sur les maladies mentales."

Il tourna les feuilles du livre.

« Voyez donc, ma chère Romilly, voici ce que je trouve pour commencer ; dans la dix-huitième leçon, page 389 : « On rencontre beaucoup de fous parmi les acteurs. » Cette remarque du professeur Ball me rappelle que le célèbre Cabanis demandait un jour au docteur Esprit Blanche si la scène n'était pas une cause de folie.

"Vraiment?" » demanda Romilly avec inquiétude.

— Cela n'en fait aucun doute, répondit Trublet. "Mais écoutez ce que dit le professeur Ball sur la même page. 'C'est un fait incontestable que les médecins sont excessivement prédisposés à l'aberration mentale.' Rien n'est plus vrai. Parmi les médecins, ceux qui sont plus spécialement prédestinés à la folie sont les aliénistes. Il est souvent difficile de déterminer lequel des deux est le plus fou, ou son médecin. On dit aussi que les hommes de génie sont enclins à la folie. folie. C'est certainement le cas. Pourtant, un homme n'est pas un être raisonnant simplement parce qu'il est un idiot.

Après avoir parcouru un peu plus les pages des conférences du professeur Ball, il reprit son écriture :

« Indices ordinaires d'excitation maniaque, et si l'on considère que le sujet était d'un tempérament névropathique, il y a lieu de croire que sa constitution le prédisposait à la folie, ce qui, selon les plus hautes autorités, n'est qu'une exagération de la folie. le tempérament habituel de l'individu, et il n'est donc pas possible de lui attribuer l'entière responsabilité morale. »

Il signa la feuille et la remit à Pradel en disant :

"Voici quelque chose d'anodin et de trop dénué de sens pour contenir le moindre mensonge."

Pradel se leva et dit :

"Croyez-moi, mes chers médecins, nous n'aurions pas dû vous demander de mentir."

"Pourquoi pas ? Je suis médecin. Je tiens une boutique de mensonges. Je soulage, je console. Comment peut-on soulager et consoler sans mentir ?"

Puis, avec un regard sympathique sur Nanteuil ; il ajouta:

"Seuls les femmes et les médecins savent combien le mensonge est nécessaire et combien il est bénéfique pour l'homme."

Et, comme Pradel, Constantin Mate et Romilly prenaient congé, il dit :

"Sortez donc par la salle à manger. Je viens de recevoir un petit tonneau de vieil Armagnac. Vous me direz ce que vous en pensez !"

Nanteuil était resté dans le cabinet du médecin.

"Mon petit Socrate, j'ai passé une nuit horrible. Je l'ai vu."

"Pendant ton sommeil ?"

"Non, quand je suis bien éveillé."

"Tu es sûr que tu ne dormais pas ?"

"Assez sûr."

Il s'apprêtait à lui demander si l'apparition lui avait parlé. Mais il laissa la question sous silence, craignant de suggérer à un sujet aussi sensible ces hallucinations de l'ouïe, qu'en raison de leur caractère impérieux, il redoutait bien plus que les hallucinations visuelles. Il connaissait la docilité des malades à obéir aux ordres vocaux. Abandonnant l'idée d'interroger Félicie, il résolut, à tout prix, d'écarter les scrupules de conscience qui pourraient la troubler. En même temps, ayant constaté que, d'une manière générale, le sens de la responsabilité morale est faible chez les femmes, il ne fit pas de grands efforts en ce sens, et se contenta de remarquer avec légèreté :

"Mon cher enfant, vous ne devez pas vous considérer comme responsable de la mort de ce pauvre garçon. Un suicide inspiré par la passion est la fin inévitable d'un état pathologique. Tout individu qui se suicide a dû se suicider. Vous n'êtes que la cause accidentelle de un accident certes déplorable, mais dont il ne faut pas exagérer l'importance."

Croyant en avoir assez dit sur ce point, il s'appliqua aussitôt à disperser les terreurs qui l'entouraient. Il cherchait à la convaincre par des arguments simples qu'elle voyait des images qui n'avaient aucune réalité, de simples reflets de ses propres pensées. Afin d'illustrer sa démonstration, il lui raconta une histoire à caractère rassurant.

« Un médecin anglais, lui dit-il, soignait une dame, comme vous, très intelligente, qui, comme vous, avait l'habitude de voir des chats sous ses meubles, et qui recevait la visite de fantômes. Il la convainquit que ces apparitions ne correspondait à rien en réalité. Elle le croyait et ne s'inquiétait plus. Un beau jour, après une longue période de retraite, elle reparut dans le monde, et en entrant dans un salon, elle aperçut la maîtresse de maison qui, lui montrant du doigt. un fauteuil, la pria de s'asseoir. Elle vit aussi, assis dans ce fauteuil, un vieux monsieur à l'air rusé. Elle se dit que l'une des deux personnes était nécessairement une créature de l'imagination, et, décidant que c'était le cas. monsieur n'avait plus d'existence réelle, elle s'assit sur le fauteuil. En touchant le fond, elle respira longuement, et depuis ce jour elle ne revit plus aucun fantôme, ni d'homme ni de bête. le vieux monsieur à l'air rusé, elle les avait tous étouffés – fondamentalement.

Félicie secoua la tête en disant :

"Cela ne s'applique pas à cette affaire."

Elle voulait dire que son propre fantôme n'était pas un vieillard grotesque sur lequel on pouvait s'asseoir, mais un mort jaloux qui ne lui rendait pas visite sans but. Mais elle craignait de parler de ces choses ; et, laissant ses mains tomber sur ses genoux, elle se tut.

La voyant ainsi abattue et écrasée, il lui fit remarquer que ces troubles de la vision n'étaient ni rares ni très graves, et qu'ils disparaissaient bientôt sans laisser de traces.

« Moi-même, dit-il, j'ai eu une vision. »

"Toi?"

"Oui, j'ai eu une vision, il y a une vingtaine d'années. C'était en Egypte."

Il remarqua qu'elle le regardait d'un air interrogateur, alors il commença le récit de son hallucination, après avoir allumé toutes les lumières électriques, afin de disperser les fantômes des ténèbres.

« A l'époque où j'exerçais au Caire, j'avais l'habitude, au mois de février de chaque année, de remonter le Nil jusqu'à Louxor, et de là je me rendais, en compagnie de quelques amis, à visiter les tombeaux et les temples de le désert. Ces voyages à travers les sables se font à dos d'âne. La dernière fois que je suis allé à Louxor, j'ai engagé un jeune âne, dont l'âne blanc Ramsès était plus fort que les autres. Il était aussi plus fort, plus mince et plus beau que les autres âniers. Il avait quinze ans. Ses yeux timides et doux brillaient

derrière un magnifique voile de longs cils noirs ; Il marchait pieds nus dans
le désert d'un pas qui faisait penser à ces danses de guerriers dont parle la
Bible. Ses mouvements étaient gracieux ; sa gaieté de jeune animal était
charmante tandis qu'il poussait le dos de Ramsès de la pointe de son bâton. ,
il me bavardait dans un vocabulaire restreint où se mêlaient l'anglais, le
français et l'arabe ; il aimait me parler des voyageurs qu'il avait escortés et qui,
croyait-il, étaient tous des princes ou des princesses ; mais si je l'interrogeais
sur ses parents ou ses compagnons, il restait silencieux et prenait un air
d'indifférence et d'ennui. Lorsqu'il réclamait une promesse de bakchich
substantiel, le son nasillard de sa voix prenait des inflexions caressantes. Il
imaginait des stratagèmes subtils et dépensait des trésors entiers de prières
pour obtenir une cigarette. Remarquant que j'aimais voir les âniers traiter
leurs bêtes avec bonté, il avait l'habitude, en ma présence, d'embrasser
Ramsès sur les narines, et quand nous nous arrêtions, il valsait avec lui. Il a
souvent fait preuve d'une réelle ingéniosité pour obtenir ce qu'il voulait. Mais
il était bien trop myope pour montrer la moindre gratitude pour ce qu'il avait
obtenu. Avide de piastres, il convoitait avec plus d'ardeur encore les petits
objets scintillants qu'on ne peut garder couverts : épingles de foulard, bagues,
boutons de manches ou briquets en nickel ; et quand il voyait une chaîne en
or, son visage s'éclairait d'une lueur de plaisir.

" L'été suivant fut la période la plus dure de ma vie. Une épidémie de choléra
avait éclaté en Basse-Egypte. Je courais toute la journée dans la ville dans une
atmosphère torride. Les étés du Caire sont accablants pour les Européens.
Nous traversions les températures les plus chaudes. J'ai appris un jour que
Sélim, traduit devant le tribunal indigène du Caire, avait été condamné à mort.
Il avait assassiné la fille d'un fellah, une petite fille de neuf ans, pour la lui
voler. des boucles d'oreilles, et l'avait jetée dans une citerne. Les bagues,
tachées de sang, avaient été trouvées sous une grosse pierre dans la Vallée
des Rois. C'étaient les bijoux grossiers que les nomades nubiens martelent
avec des shillings ou deux francs. morceaux, on m'a dit que Selim serait
certainement pendu, car la mère de la petite fille a refusé le prix du sang
offert. Or, le Khédive ne jouit pas du droit de grâce, et le meurtrier, selon la
loi musulmane, ne peut racheter que sa vie. si les parents de la victime
consentent à recevoir de sa part une somme d'argent à titre de
dédommagement. J'étais trop occupé pour y réfléchir. J'imaginais facilement
que Selim, rusé mais irréfléchi, caressant mais insensible, avait joué avec la
petite fille, lui avait arraché ses boucles d'oreilles, l'avait tuée et caché son
corps. L'affaire m'est vite sortie de l'esprit. L'épidémie se propage du vieux
Caire aux quartiers européens. Je visitais quotidiennement trente à quarante
malades, pratiquant dans tous les cas des injections veineuses. Je souffrais de
troubles du foie, l'anémie me faisait des ravages et je tombais de fatigue. Afin
d'économiser mes forces, je me suis reposé un peu à midi. J'avais l'habitude,
après le déjeuner, de m'étendre dans la cour intérieure de ma maison, et là,

pendant une heure, je me baignais dans l'ombre africaine, dense et fraîche comme l'eau. Un jour, alors que j'étais allongé sur un divan dans ma cour, au moment où j'allumais une cigarette, j'ai vu Selim s'approcher. De son beau bras de bronze, il souleva le rideau de la porte et vint vers moi dans sa robe bleue. Il ne parlait pas, mais souriait de son sourire timide et innocent, et le rouge profond de ses lèvres découvrait ses dents éblouissantes. Ses yeux, sous l'ombre bleue de ses cils, brillaient de convoitise en regardant ma montre posée sur la table.

"Je pensais qu'il s'était évadé. Et cela m'a surpris, non pas parce que les captifs sont strictement surveillés dans les prisons orientales, où hommes, femmes, chevaux et chiens sont parqués dans des cours imparfaitement fermées et gardés par un soldat armé d'un bâton. Mais les musulmans sont jamais tenté de fuir leur sort. Selim s'agenouilla avec une grâce suppliante, et approcha ses lèvres de ma main, pour la baiser selon l'ancienne coutume. Je ne dormais pas, et j'en avais aussi la preuve. L'apparition n'était devant moi que depuis peu de temps. Lorsque Selim eut disparu, je remarquai que ma cigarette, qui était allumée, n'était pas encore pleine de cendres.

« Était-il mort quand vous l'avez vu ? demanda Nanteuil.

"Pas du tout", répondit le docteur, "j'ai appris quelques jours plus tard que Sélim, dans sa prison, tissait des petits paniers ou jouait des heures entières avec un chapelet de boules de verre, et qu'il mendiait en souriant. une piastre de visiteurs européens, surpris par la douceur caressante de ses yeux. La justice musulmane est lente. Il fut pendu six mois plus tard. Personne, pas même lui-même, ne s'en inquiéta. ".

— Et depuis, il n'est plus réapparu ?

"Jamais."

Nanteuil le regardait, déçu.

"Je pensais qu'il était venu quand il était mort. Mais comme il était en prison, vous ne pouviez certainement pas le voir chez vous. Vous pensiez seulement le voir."

Le médecin, comprenant ce que Félicie avait en tête, répondit rapidement :

"Mon cher petit Nanteuil, crois ce que je te dis. Les fantômes des morts n'ont pas plus de réalité que les fantômes des vivants."

Sans prêter attention à ce qu'il disait, elle lui demanda si c'était vraiment parce qu'il souffrait du foie qu'il avait eu une vision. Il répondit qu'il croyait que le mauvais état de ses organes digestifs, la fatigue générale et une tendance à la congestion l'avaient prédisposé à voir une apparition.

" Il y avait, je crois, ajouta-t-il, une cause plus immédiate. Allongée sur mon divan, ma tête était très basse. Je la levai pour allumer une cigarette, et la laissai retomber aussitôt. Cette attitude est particulièrement favorable aux Il suffit parfois de s'allonger la tête en arrière pour voir et entendre des formes et des sons imaginaires. C'est pourquoi je te conseille, mon enfant, de dormir avec un traversin et un gros oreiller.

Elle se mit à rire.

"Comme maman, majestueusement !"

Puis, passons à une autre idée :

"Dis-moi, Socrate, comment se fait-il que tu aies vu ce sordide individu plutôt qu'un autre ? Tu lui avais loué un âne, et tu ne pensais plus à lui. Et pourtant il est venu. Dis ce que tu veux, c'est bizarre."

" Vous me demandez pourquoi c'était lui plutôt qu'un autre ? Il me serait très difficile de vous le dire. Nos visions, liées à nos pensées les plus intimes, nous présentent souvent leurs images ; parfois il n'y a aucun lien entre elles, et elles montrez-nous un chiffre inattendu.

Il l'exhorta encore une fois à ne pas se laisser effrayer par des fantômes.

"Les morts ne reviennent pas. Lorsque l'un d'eux vous apparaît, soyez assuré que ce que vous voyez est une chose imaginée par votre cerveau."

"Pouvez-vous", a-t-elle demandé ; "Garantir qu'il n'y a rien après la mort ?"

"Mon enfant, il n'y a rien après la mort qui puisse t'effrayer."

Elle se leva, ramassa son petit sac et sa part, et tendit la main au docteur en disant :

« Et toi, tu ne crois à rien, n'est-ce pas, vieux Socrate ?

Il la retint un moment dans la salle d'attente, lui conseilla de bien prendre soin d'elle, de mener une vie tranquille et reposante et de prendre suffisamment de repos.

" Croyez-vous que cela soit facile dans notre métier ? Demain j'ai une répétition dans la salle verte et une autre sur scène, et je dois essayer une robe, tandis que ce soir je joue. ça fait un an que je mène ce genre de vie."

CHAPITRE X

Sous le grand vide réservé par la hauteur du toit à l'envolée des prières, la foule hétéroclite des êtres humains s'entassait comme un troupeau de moutons.

Ils étaient tous là, au pied du catafalque entouré de lumières et couvert de fleurs, Durville, le vieux Maury, Delage, Vicaire, Destrée, Léon Clim, Valrosche, Aman, Regnard, Pradel, Romilly et Marchegeay, le gérant. Ils étaient tous là, Madame Ravaud, Madame Doulce, Ellen Midi, Duvernet, Herschell, Falempin, Stella, Marie-Claire, Louise Dalle, Fagette, Nanteuil, agenouillés, vêtus de noir, comme des personnages élégiaques. Certaines femmes lisaient leurs missels. Certains pleuraient. Tous apportèrent au cercueil de leur camarade au moins l'hommage de leurs yeux lourds et de leurs visages pâlis par le froid du matin. Des journalistes, des acteurs, des dramaturges, des familles entières de ces artisans qui vivent du théâtre et une foule de curieux remplissaient la nef.

Les choristes poussaient les cris lugubres du *Kyrie eleison* ; le prêtre baisa l'autel ; se tourna vers le peuple et dit :

"Dominus vobiscum."

Romilly; embrassant la foule d'un coup d'oeil, remarqua

"Chevalier a une salle comble."

"Regardez cette Louise Dalle", dit Fagette. "Pour avoir l'air en deuil, elle a mis un imperméable noir !"

Un peu au fond de l'église, avec Pradel et Constantin Marc, le docteur Trublet prononçait, à voix basse, selon son habitude, ses homélies morales.

« Observez, dit-il, qu'ils allument, sur l'autel et autour du cercueil, sous forme de bougies de cire, de minuscules veilleuses montées sur des queues de billard, et qu'ils font ainsi une offrande d'huile de lampe au lieu de cire vierge. au Seigneur. Il a été prouvé de tout temps que les hommes pieux qui habitent le sanctuaire fraudaient leur Dieu par ces petites tromperies. Cette observation n'est pas de moi, c'est, je crois, celle de Renan.

Le célébrant, debout du côté de l'épître, récitait à voix basse :

"Nolumus autem vos ignorare fratres de dormientibus, ut non contrisemimi, sicut et cæteri qui spem non habent."

— Qui prend le parti de Florentin ? demanda Durville à Romilly.

"Regnard : il n'y sera pas pire que Chevalier."

Pradel saisit Trublet par la manche et dit :

"Docteur Socrate, je vous prie de me dire si, en tant qu'homme scientifique, en tant que physiologiste, vous voyez de sérieuses objections à l'immortalité de l'âme ?"

Il a posé la question en homme occupé et pratique ayant besoin d'informations personnelles.

" Vous savez sans doute, mon cher ami, " répondit Trublet, " ce que l'oiseau de Cyrano a dit à ce sujet même. Un jour, Cyrano de Bergerac entendit deux oiseaux causer dans un arbre. L'un d'eux dit : " L'âme des oiseaux est immortelle. " " Cela ne fait aucun doute, " répondit l'autre. " Mais il est inconcevable que des êtres qui n'ont ni bec ni plumes, qui n'ont pas d'ailes et qui marchent sur deux pattes, croient qu'ils ont, comme les oiseaux, un âme immortelle.'"

«Tout de même, dit Pradel, quand j'entends l'orgue, je suis plein d'idées religieuses.»

"Requiem æternam dona eis, Domine."

Le célèbre auteur de *La Nuit du 23 octobre 1812* parut dans l'église, et à peine eut-il fait qu'il se trouva partout à la fois, dans la nef, sous le porche et dans le chœur. Comme le *Diable boiteux* , il dut, chevauchant sa béquille, s'élever au-dessus des têtes de la congrégation, pour passer ainsi en un clin d'œil du député Morlot, qui, libre penseur, était resté au parvis, pour Marie-Claire agenouillée au pied du catafalque.

Tout à coup, il murmura aux oreilles de chacun quelques phrases agiles :

"Pradel, imaginez-vous ce type aller jeter son rôle, un excellent rôle, et s'enfuir pour se suicider ? Un imbécile à tête de citrouille ! Il se fait exploser la cervelle deux jours seulement avant le premier soir. Il nous oblige à le remplacer et nous met en scène." nous revenons une semaine. Quel imbécile ! Un mauvais œuf pourri. Mais il faut lui rendre justice ; il savait sauter, et bien, l'animal. Eh bien, ma chère Romilly, nous répétons le nouvel homme aujourd'hui à deux heures. veillez à ce que Regnard ait le scénario de son rôle, et qu'il sache monter sur le toit. Espérons qu'il ne nous bouscule pas les bras comme Chevalier. Et s'il le faisait aussi. suicide-toi! Il ne faut pas rire. Il y a un mauvais sort sur certaines parties. Ainsi, dans mon *Marino Falieri* , le gondolier Sandro se casse le bras à la répétition générale. On me donne un autre Sandro, le premier soir. On m'en donne un troisième, il contracte la fièvre typhoïde. Mon petit Nanteuil, je te confierai un rôle magnifique à créer quand tu arriveras aux Français. Mais j'ai juré par les grands dieux que je n'en aurai plus jamais un seul. pièce jouée dans ce théâtre.

Et aussitôt, sous la petite porte qui ferme le chœur du côté droit de l'autel, montrant l'épitaphe de ses amis Racine, laissée dans le mur, comme un Parisien instruit des antiquités de sa ville, il rappela l'histoire de cette pierre, il leur raconta comment le poète avait été enterré selon son désir à Port-Royal-des-Champs, au pied de la tombe de Monsieur Hamon, et qu'après la destruction de l'abbaye et la violation des tombeaux , le corps de messire Jean Racine, secrétaire du Roi, palefrenier de la Chambre, avait été transféré, tout déshonoré ; à Saint-Étienne-du-Mont. Et il raconta comment la pierre tombale, portant l'inscription composée pour Boileau, sous l'écusson du chevalier et l'écu au cygne d'argent, et réalisée en latin par M. Dodart, avait servi de dalle au chœur de la petite église de Magny-Lessart. ; où il avait été découvert en 1808.

"Le voilà", a-t-il ajouté. "Il a été brisé en six morceaux et le nom de Racine a été effacé par les chaussures des paysans. Les fragments ont été reconstitués et les lettres manquantes ont été regravées."

Il s'épanouit sur ce sujet avec sa vivacité et sa diffusion habituelles, puisant de sa prodigieuse mémoire une multitude de faits curieux et d'anecdotes amusantes, insufflant la vie à l'histoire et conférant à l'archéologie un intérêt vivant. Son admiration et sa colère éclatèrent en alternance rapide et violente dans la solennité de l'église et au milieu de la pompe de la cérémonie.

"Je donnerais quelque chose pour savoir, par exemple, qui sont ces stupides maladroits qui ont posé cette pierre dans le mur. *Hic jacet nobilis vir Johannes Racine*. Ce n'est pas vrai ! Ils font mentir l'épitaphe de l'honnête Boileau. Le corps de Racine n'est pas là. cet endroit. Il a été déposé dans la troisième chapelle à gauche, en entrant, quels idiots ! Puis, soudain calme, il montra la pierre tombale de Pascal.

"Cela vient ici du musée des Petits-Augustins. Aucun éloge ne saurait être trop grand pour Lenoir, qui, au temps de la Révolution, collectionnait et conservait."

Là-dessus, il improvisa une seconde conférence sur l'archéologie lapidaire, plus brillante encore que la première, transforma l'histoire de la vie de Pascal en un drame terrible et amusant, et disparut. En tout, il était resté dans l'église pendant dix minutes.

Sur ces têtes pleines de soucis mondains et de désirs profanes, le *Dies iræ* grondait comme une tempête :

"Mors stupebit et natura,
Quum resurget creatura Judicanti responsura."

" Dis-moi, Dutil, comment cette petite Nanteuil, qui est jolie et intelligente, a-t-elle pu se mêler à une sale maman comme Chevalier ? "

"Votre ignorance du cœur féminin me surprend."

"Herschell était plus jolie quand elle était brune."

> *"Qui Mariam absolvisti*
> *Et latronem exaudistiMihi quoque spem dedisti."*

"Je dois partir déjeuner."

« Connaissez-vous quelqu'un qui connaît le Ministre ?

"Durville est un has been. Il souffle comme un grand-père."

"Mettez-moi un petit paragraphe sur Marie Falempin. Je peux vous dire qu'elle était tout simplement délicieuse aux *Trois Magots* ."

> *"Inter oves locum presta*
> *Et ab hædis me sequestra,Statuens in parte dextra."*

— Alors, c'est pour Nanteuil qu'il s'est fait sauter la cervelle ? Un petit nichon qui ne vaut pas la fessée !

Le célébrant versa le vin et l'eau dans la chance en disant :

"Deus qui humanæ substantiæ dignitatem mirabiliter condidisu...."

"Est-ce bien vrai, docteur, qu'il s'est suicidé parce que Nanteuil ne voulait plus avoir affaire à lui ?"

— Il s'est suicidé, répondit Trublet, parce qu'elle en aimait un autre. L'obsession des images génétiques détermine souvent la manie et la mélancolie.

"Vous ne comprenez pas les acteurs de second ordre, docteur Socrate", dit Pradel. "Il s'est suicidé pour faire sensation, et pour aucune autre raison."

"Il n'y a pas que les comédiens de second ordre", dit Constantin Marc, "qui souffrent d'une envie incontrôlable de se faire remarquer à tout prix. L'année dernière, là où j'habite, à Saint-Bartholomé, alors qu'une batteuse était au travail, un garçon de treize ans a enfoncé son bras dans l'équipement ; le chirurgien qui l'avait amputé lui a demandé, pendant qu'il pansait le moignon, pourquoi il s'était mutilé ainsi. que c'était pour attirer l'attention sur lui-même.

Pendant ce temps, Nanteuil, les yeux secs et les lèvres pincées, avait les yeux fixés sur le drap noir dont le catafalque était recouvert, et attendait avec impatience qu'on donne au mort assez d'eau bénite, de cierges et de prières latines pour qu'il parte. en paix. Elle l'avait revu la nuit précédente et elle croyait qu'il était revenu parce que les prêtres ne lui avaient pas encore dit de reposer en paix. Puis, pensant qu'un jour elle mourrait elle aussi et qu'on la déposerait comme lui dans un cercueil, sous un drap noir, elle frémit d'horreur et ferma les yeux. L'idée de la vie était si forte en elle qu'elle imaginait la mort comme une vie hideuse. Peur de la mort, elle a prié pour une longue vie. Agenouillée, la tête baissée, la voluptueuse nuée cendrée de ses cheveux flottants tombant sur son front, elle, pénitente profane, lisait dans son livre de prières des paroles qui la rassuraient, bien qu'elle ne les comprenne pas.

"Seigneur Jésus-Christ, Roi de Gloire, délivre les âmes de tous les fidèles morts des douleurs de l'enfer et des profondeurs de l'abîme. Délivre-les de la gueule du lion. Qu'ils ne soient pas plongés en enfer, et qu'ils ne tombe dans les ténèbres du dehors, mais souffre que saint Michel, le prince des anges, les conduise à la sainte lumière promise par toi à Abraham et à sa postérité.

A l'élévation de l'hostie, l'assemblée, pénétrée d'une vague impression que le mystère devenait plus sacré, cessa ses conversations privées et prit une certaine apparence de dévotion respectueuse. Et tandis que l'orgue se tut, toutes les têtes s'inclinèrent au tintement d'une petite clochette que secouait un enfant. Puis, après le dernier évangile, lorsque, l'office terminé, le prêtre, accompagné de ses acolytes, s'approcha du catafalque pour chanter la *Libera*, un sentiment de soulagement fut ressenti par la foule, et ils commencèrent à se bousculer les uns les autres. peu pour passer devant le cercueil. Les femmes, dont la piété, la douleur et la contrition dépendaient de leur immobilité et de leur posture agenouillée, furent aussitôt rappelées à leur état d'esprit habituel par le mouvement et les rencontres du cortège. Ils échangeaient entre eux et avec les hommes des remarques relatives à leur métier.

« Savez-vous, dit Ellen Midi à Falempin, que Nanteuil va entrer à la Comédie-Française ?

"Ce n'est pas possible!"

"Le contrat est signé."

"Comment a-t-elle réussi ?"

"Pas par son jeu d'acteur, vous pouvez en être sûr", répondit Ellen, qui commença à raconter une histoire très scandaleuse.

« Prends garde, dit Falempin, elle est juste derrière toi.

"Oui, je la vois ! Elle a de quoi se montrer ici, tu ne trouves pas ?"

Marie-Claire souffla une nouvelle extraordinaire à l'oreille de Durville :

"On dit qu'il s'est suicidé. Eh bien, il n'y a pas un mot de vrai là-dedans. Il ne s'est pas suicidé du tout. Et la preuve, c'est qu'il est enterré selon les rites de l'Église."

"Et alors ?" demanda Durville.

"Monsieur de Ligny l'a surpris avec Nanteuil et l'a tué."

"Viens viens!"

"Je peux vous assurer que je suis informé avec précision."

Les conversations devenaient animées et familières.

"Alors tu es là, méchant vieux pécheur !"

"Les recettes au box-office sont déjà en baisse."

"Stella a réussi à se faire proposer par dix-sept députés, dont neuf sont membres de la Commission du Budget."

"Pourtant, j'ai dit à Herschell : 'Ce petit gars de Bocquet n'est pas l'homme qu'il vous faut. Ce dont vous avez besoin, c'est d'un homme de qualité.'"

Lorsque le cercueil, porté par les hommes des pompes funèbres, franchissait la porte ouest, les délicieux rayons d'un soleil d'hiver tombaient sur les visages des femmes et sur les roses posées sur le cercueil. Groupés de chaque côté du parvis, quelques jeunes gens des grands collèges cherchaient les visages des célébrités ; les petites ouvrières des ateliers voisins, debout par couples, se prenant par la taille, contemplaient les robes des actrices. Et, debout contre le porche, debout sur leurs pieds douloureux, quelques vagabonds, habitués à vivre en plein air, doux ou maussade, déplaçaient lentement leur regard abattu, tandis qu'un collégien regardait avec ravissement les tresses de feu qui s'enroulaient comme des flammes sur la nuque de Fagette.

Elle s'était arrêtée sur la plus haute marche devant les portes et discutait avec Constantin Marc et quelques journalistes :

"... Monsieur de Ligny ? Il dansait sur moi bien avant de connaître Nanteuil. Il me regardait d'heure en heure avec des yeux avides, sans oser me dire un mot. Je le reçus assez volontiers, pour son son comportement était parfait. Il est juste de dire que ses manières sont excellentes. Il était aussi réservé qu'un homme peut l'être. Enfin, un jour, il m'a déclaré qu'il était fou de moi. en me parlant sérieusement, je ferais de même ; que j'étais vraiment désolé de le voir dans un tel état ; que chaque fois qu'une telle chose arrivait, j'en étais très bouleversée, que j'étais une femme de condition, j'avais réglé ma vie ; , et ne pouvait rien pour lui. Il était désespéré. Il m'a dit qu'il partait pour Constantinople, qu'il ne reviendrait jamais. Il ne pouvait se résoudre ni à rester, ni à partir. qui croyait que je l'aimais et que je voulais le garder, a fait tout ce qui était en son pouvoir pour l'éloigner de moi. Elle s'est jetée à sa tête de la façon la plus folle, je l'ai trouvée parfois un peu ridicule, mais, comme vous pouvez l'imaginer, je l'ai trouvée. n'a mis aucun obstacle sur son chemin. De son côté, M. de Ligny, dans le but de m'inspirer du regret, du dépit ou autre, peut-être dans l'espoir de me rendre jaloux, répondit très visiblement aux avances de Nanteuil. Et c'est ainsi qu'ils se sont retrouvés ensemble. Je fus ravi. Nanteuil et moi sommes les meilleurs amis du monde."

Madame Doulce, entourée de chaque côté par les badauds, descendait lentement les marches, se laissant aller à l'illusion que la foule murmurait : « C'est Doulce !

Elle saisit Nanteuil au passage, la serra contre son sein, et, d'un beau geste de charité chrétienne, l'enveloppa de son manteau, en disant à travers ses sanglots :

"Essaye de prier, mon enfant, et accepte cette médaille. Elle a été bénie par le Pape. Un Père Dominicain me l'a offerte."

Madame Nanteuil, un peu essoufflée, mais rajeunissait depuis qu'elle avait renouvelé son expérience amoureuse, sortit la dernière. Durville lui serra la main.

"Pauvre Chevalier !" murmura-t-il.

" Ce n'était pas un mauvais caractère, répondit Mme Nanteuil, mais il manquait de tact. Un homme du monde ne se suicide pas de cette manière. Pauvre garçon, il n'avait pas d'éducation. "

Le corbillard commença son voyage dans l'ombre colossale du Panthéon et descendit la rue Soufflet, bordée des deux côtés de boutiques de libraires. Les camarades de Chevalier, les employés du théâtre, le metteur en scène, le docteur Socrate, Constantin Marc, quelques journalistes et quelques curieux le suivirent. Le clergé et les actrices prirent place dans les voitures de deuil. Nanteuil, sans tenir compte des conseils de Madame Doulce, le suivit avec Fagette, dans un coupé de location.

Le temps était bon. Derrière le corbillard, les personnes en deuil conversaient de manière familière.

"Le cimetière est un sacré chemin !"

"Montparnasse ? Une demi-heure dehors."

"Savez-vous que Nanteuil est fiancé à la Comédie-Française ?"

"Est-ce qu'on répète aujourd'hui ?" Constantin Marc s'enquit auprès de Romilly.

" Bien sûr, nous le ferons à trois heures dans la salle verte. Nous répéterons jusqu'à cinq heures. Je joue ce soir, je joue demain, le dimanche, je joue l'après-midi et le soir. Le travail est jamais fini pour nous, acteurs, on recommence toujours, toujours à mettre l'épaule au volant. »

Le poète Adolphe Meunier, posant la main sur son épaule, dit :

« Tout va bien, Romilly ?

" Comment vas-tu, Meunier ? Toujours rouler le rocher de Sisyphe. Ce ne serait rien, mais le succès ne dépend pas seulement de nous. Si la pièce est mauvaise et tombe à plat, tout ce que nous y avons mis, notre travail , notre talent, un peu de notre propre vie, s'effondre avec lui. Et combien de « gelées » j'ai vues ! si l'on n'était puni que pour ses propres péchés !

- Ma chère Romilly, répondit sèchement Meunier, imaginez-vous que le sort des auteurs dramatiques comme moi ne dépende pas autant des acteurs que de nous-mêmes ? Croyez-vous qu'il n'arrive jamais que des acteurs, par leur insouciance ou leur maladresse, se ruinent ? une œuvre qui devait atteindre les sommets ? Et ne sommes-nous pas, comme le légionnaire de César, saisis de consternation et d'angoisse à l'idée que notre sort n'est pas assuré par notre propre valeur, mais qu'il dépend de ceux qui combattent à nos côtés ? ?"

"Telle est la vie", observait Constantin Marc. "Dans chaque entreprise, partout et toujours, nous payons pour les fautes des autres."

"C'est trop vrai", reprit Meunier, qui venait de voir son drame lyrique *Pandolphe et Clarimonde* échouer désespérément. "Mais son iniquité nous dégoûte."

"Cela ne doit pas du tout nous dégoûter", a répondu Constantin Marc. "Il existe une loi sacrée qui gouverne le monde, à laquelle nous sommes obligés d'obéir, que nous sommes fiers d'adorer. C'est l'injustice, la sainte injustice, l'auguste injustice. Elle est partout bénie sous le nom de bonheur, de fortune, de génie et de grâce. . C'est une faiblesse de ne pas le reconnaître et de le vénérer sous son vrai nom.

"C'est plutôt bizarre, ce que tu viens de dire !" dit le doux Meunier.

"Réfléchissez-y", reprit Constantin Marc. "Vous aussi, vous appartenez au parti de l'injustice, car vous aspirez à la distinction et vous voulez très raisonnablement étrangler vos concurrents, désir naturel, injuste et légitime. Connaissez-vous quelque chose de plus stupide ou de plus odieux que le l'opinion publique, qui n'est pourtant pas remarquable par son intelligence, et le bon sens, qui pourtant n'est pas un sens supérieur, ont senti qu'ils constituaient exactement le contraire de la nature, de la société et de la vie. "

" C'est vrai, " dit Meunier, " mais la justice... "

"La justice n'est que le rêve de quelques niais. L'injustice est la pensée de Dieu lui-même. La doctrine du péché originel suffirait à elle seule à faire de moi un chrétien, tandis que la doctrine de la grâce incarne toutes les vérités divines et humaines."

« Alors, es-tu croyant ? » demanda respectueusement Romilly.

"Non, mais j'aimerais l'être. Je considère la foi comme le bien le plus précieux dont un homme puisse jouir en ce monde. A Saint-Bartholomé, je vais à la messe tous les dimanches et jours de fête, et je n'ai jamais écouté une seule fois le exposé de l'Evangile par le *curé* sans me dire : 'Je donnerais tout ce que je possède, ma maison, mes arpents, mes bois, pour être aussi bête que cet animal-là.'"

Michel, le jeune peintre à la barbe mystique, disait à Roget, le peintre de scènes :

" Ce pauvre Chevalier était un homme qui avait des idées. Mais elles n'étaient pas toutes bonnes. Un soir, il entra dans la *brasserie* radieux et transfiguré, s'assit à côté de nous, et faisant tournoyer son vieux chapeau de feutre entre ses longs doigts rouges, il s'écria : « J'ai découvert la vraie manière de jouer la tragédie. Jusqu'à présent, personne n'a compris comment jouer la tragédie, personne, comprenez-vous ! Et il nous raconta sa découverte : « Je viens de la Chambre. On m'a fait monter jusqu'à l'amphithéâtre. J'ai vu les députés pulluler comme des insectes noirs au fond d'un gouffre. Tout à coup, un petit homme trapu est monté. la tribune. Il avait l'air de porter un sac de charbon sur le dos. Il étendit les bras et serra les poings. Il était comique ! Il avait un accent du Sud, et son discours était plein de défauts. il parlait des ouvriers, du prolétariat, de la justice sociale. C'était magnifique, sa voix, ses gestes saisissaient jusqu'aux entrailles, les applaudissements faillirent faire tomber la salle. Je me disais : « Ce qu'il fait, je le ferai. la scène, et je le ferai mieux. Moi, acteur comique, je jouerai la tragédie. Les grands rôles tragiques, pour produire leur véritable effet, doivent être joués par un comédien, mais il faut qu'il ait une âme. » Le pauvre garçon croyait en effet avoir imaginé une nouvelle forme d'art. « Vous verrez. ,' il a dit."

Au coin du boulevard Saint-Michel, un journaliste s'approche de Meunier et lui demande :

"Est-il vrai que Robert de Ligny fut autrefois éperdument amoureux de Fagette ?"

" S'il est amoureux d'elle, il n'y a pas si longtemps qu'il l'aime. Il y a seulement quinze jours, il m'a demandé, au théâtre : " Qui est cette petite blonde ? et il a montré Fagette."

« Je ne comprends pas, disait le chroniqueur d'un journal du soir à un chroniqueur d'un journal du matin, quelle peut être l'origine de notre manie de calomnier l'humanité. Je m'étonne, en revanche, du nombre d'honnêtes gens que je Il suffit de croire que les hommes ont honte du bien qu'ils font et qu'ils se cachent lorsqu'ils accomplissent des actes de dévotion et de générosité.

« En ce qui me concerne, répond le chroniqueur du journal du matin, chaque fois que j'ai ouvert une porte par erreur, je dis cela au sens littéral et métaphorique, je me suis toujours heurté à quelque bassesse insoupçonnée. comme un gant, pour qu'on puisse voir l'intérieur, nous devrions tous nous évanouir d'horreur et de dégoût.

"Il y a quelque temps, dit Roger au peintre Michel, j'ai connu l'oncle de Chevalier sur la butte de Montmartre. C'était un photographe habillé en astrologue. Un vieux fou qui envoyait toujours à un client le portrait d'un autre. Les clients se plaignaient. Mais certains ne trouvaient même pas les portraits ressemblants.

"Qu'est-il devenu ?"

"Il a fait faillite et s'est pendu."

Boulevard Saint-Michel, Pradel, qui marchait à côté de Trublet, profitait encore de l'occasion pour se renseigner sur l'immortalité de l'âme et sur le sort de l'homme après la mort. Il n'obtint rien qui lui paraisse suffisamment positif et répéta :

"J'aimerais savoir."

Ce à quoi le Dr Socrate a répondu :

"Les hommes n'ont pas été faits pour savoir ; les hommes n'ont pas été faits pour comprendre. Ils ne possèdent pas les facultés nécessaires. Le cerveau d'un homme est plus grand et plus riche en circonvolutions que celui d'un gorille, mais il n'y a pas de différence essentielle entre les deux. nos pensées et nos systèmes les plus complets ne seront jamais que le magnifique prolongement des idées contenues dans la tête d'un singe. Nous en savons plus sur le monde que le chien, et cela nous flatte et nous divertit, mais c'est très peu de chose ; lui-même, et nos illusions augmentent avec notre connaissance.

Mais Pradel n'écoutait pas. Il répétait mentalement le discours qu'il devait prononcer sur la tombe de Chevalier.

Lorsque le cortège funèbre se tourna vers les pelouses minables qui débordent de l'avenue de l'Observatoire, les tramways, par respect pour les morts, lui cédèrent la place.

Trublet l'a remarqué.

« Les hommes, dit-il, respectent la mort, puisqu'ils croient avec raison que s'il est respectable de mourir, chacun est assuré d'être respectable en cela au moins.

Les acteurs discutaient avec enthousiasme de la mort de Chevalier. Durville, mystérieusement et d'une voix grave, révéla la tragédie :

" Ce n'est pas un suicide. C'est un crime passionnel. Monsieur de Ligny a surpris Chevalier avec Nanteuil. Il lui a tiré sept coups de revolver. Deux balles ont atteint notre malheureux camarade à la tête et à la poitrine, quatre sont parties larges, et le cinquième a effleuré Nanteuil au-dessous du sein gauche.

"Nanteuil est-il blessé ?"

"Seulement un peu."

"Est-ce que M. de Ligny sera arrêté ?"

"L'affaire doit être étouffée, et avec raison. J'ai cependant la meilleure autorité pour ce que je dis."

Dans les voitures aussi, les actrices s'occupaient de diffuser divers reportages. Certains pensaient qu'il s'agissait d'un meurtre ; d'autres, un suicide.

"Il s'est tiré une balle dans la poitrine avec un revolver", a affirmé Falempin. "Mais il n'a réussi qu'à se blesser. Le médecin a dit que s'il avait été soigné à temps, il aurait pu être sauvé. Mais ils l'ont laissé étendu sur le sol, baigné de sang."

Et Madame Doulce dit à Ellen Midi :

"J'ai souvent eu le destin de me tenir près d'un lit de mort. Je me mets toujours à genoux et je prie. Je me sens aussitôt envahie par une sérénité céleste."

"Vous avez vraiment de la chance !" répondit Ellen Midi.

Au bout de la rue Campagne-Première, sur les larges boulevards gris, ils prirent conscience de la longueur du chemin qu'ils avaient parcouru et de la mélancolie du voyage. Ils avaient l'impression qu'en suivant le cercueil, ils avaient franchi les limites de la vie et se trouvaient déjà au pays des morts. A leur droite s'étendaient les cours des marbriers, les fleuristes qui fournissaient des couronnes pour les funérailles, des étalages de fleurs en pot et du mobilier économique de tombeaux, des jardinières en zinc, des couronnes d'immortelles en ciment et des anges gardiens en plâtre. . A leur gauche, ils apercevaient derrière le muret du cimetière les croix blanches s'élevant parmi les cimes nues des tilleuls, et partout, dans la poussière blafarde, ils respiraient la mort, des morts banales et uniformes sous l'administration de la Ville et État, et mal embelli par les mains pieuses des relations.

Ils passèrent entre deux massifs piliers de pierre surmontés de sabliers ailés. Le corbillard avançait lentement sur les graviers qui craquaient dans le silence. Il semblait, au milieu des maisons des morts, être deux fois plus haut qu'auparavant. Les personnes en deuil lisaient les noms célèbres sur certaines tombes ou contemplaient la statue d'une jeune fille assise, un livre à la main. Le vieux Maury déchiffrait, dans les inscriptions, l'âge du défunt. Des vies courtes, et encore plus des vies de durée moyenne, le peinaient comme étant de mauvais augure. Mais lorsqu'il rencontrait ceux des morts qui se distinguaient par leur âge, il en tirait avec joie l'espoir et la probabilité d'une longue vie.

Le corbillard s'est arrêté au milieu d'une ruelle secondaire. Le clergé et les femmes descendirent des carrosses. Delage reçut dans ses bras, du haut des marches du carrosse, la digne madame Ravaud, qui devenait un peu lourde, et tout d'un coup, moitié pour plaisanter, moitié pour le sérieux, il lui fit certaines propositions. Elle n'était plus jeune, puisqu'elle était sur scène depuis un demi-siècle. Delage, avec ses vingt-cinq ans, la considérait comme prodigieusement vieille. Pourtant, en lui murmurant à l'oreille, il se sentait excité, entiché, il devenait sincère, il la désirait vraiment, par curiosité perverse, parce qu'il voulait faire quelque chose d'extraordinaire, et il était certain qu'il y arriverait, peut-être. à cause de son instinct professionnel de beau garçon, et enfin parce que, après avoir demandé d'abord ce qu'il ne voulait pas, il commença à vouloir ce qu'il avait demandé. Madame Ravaud, indignée mais flattée, réussit à s'enfuir.

Le cercueil fut transporté le long d'un chemin étroit bordé de cyprès nains, au milieu d'un murmure de prières :

"In paradisum deducant te Angeli, in tuo adventu suscipiant te Martyres et perducant te in civitatem sanctam Jerusalem, Chorus Angelorum te suscipiat et cum Lazaro, quondam paupere, æternam habeas requiem."

Bientôt, il n'y eut plus aucun chemin visible. Il fallut, pour suivre le cercueil qui disparaissait rapidement, les prêtres et les choristes se disperser, enjambant les gisants et se glissant entre les colonnes brisées et les dalles dressées. Ils ont perdu le cercueil et l'ont retrouvé. Nanteuil montrait un certain empressement à le poursuivre, anxieuse et brusque, son livre de prières à la main, détachant sa jupe qui s'accrochait à la grille, et effleurant les couronnes fanées qui laissaient adhérer à sa robe des têtes d'immortelles. Enfin, le premier arrivé au bord de la tombe sentit l'odeur âcre de la terre fraîchement retournée, et du haut des dalles voisines aperçut la tombe dans laquelle on descendait le cercueil.

Les acteurs avaient largement contribué aux frais des funérailles ; ils s'étaient associés pour acheter à leur camarade autant de terre qu'il lui fallait, deux mètres accordés pour cinq ans. Romilly, au nom des comédiens de l'Odéon, avait versé à la régie du cimetière 300 francs, plus exactement 301 fr. 80 centimes. Il avait même projeté un monument, une stèle brisée sur laquelle étaient suspendus des masques de comédie. Mais aucune décision n'avait été prise sur ce point.

Le célébrant a béni la tombe ouverte. Et le curé et les jeunes choristes murmuraient les réponses :

"Requiem æternam dona ei, Domine."

"Et lux perpetua luceat ei."

"Requiescat in pace."

"Amen."

"Anima ejus et animæ omnium fidelium defunctorum, per misericordiam Dei, requis en rythme."

"Amen."

"De profondis..."

Chacun des présents s'avança pour asperger d'eau bénite le cercueil. Nanteuil regardait tout, les prières, les pelletées de terre, l'aspersion ; puis, agenouillée à l'écart sur le coin d'un tombeau, elle récitait avec ferveur "Notre Père qui es aux cieux..."

Pradel a parlé au bord de la tombe. Il s'est abstenu de prononcer un discours. Mais le Théâtre de l'Odéon ne pouvait laisser partir un jeune artiste aimé de tous sans un mot d'adieu.

"Je dirai donc, au nom de la grande et sincère famille dramatique, les paroles qui sont dans chaque sein."

Regroupés autour de l'orateur dans des attitudes étudiées, les acteurs écoutaient avec une profonde connaissance. Ils écoutaient activement, avec leurs oreilles, leurs lèvres, leurs yeux, leurs bras et leurs jambes. Chacun écoutait à sa manière, avec noblesse, simplicité, douleur ou rébellion, selon les rôles que l'acteur avait l'habitude de jouer.

Non, le directeur du théâtre ne permettrait pas que le vaillant acteur, qui, au cours de sa trop brève carrière, s'était montré plus que prometteur, parte sans un mot d'adieu.

« Chevalier, impétueux, inégal, remuant, donnait à ses créations un caractère individuel, une physionomie distinctive. Nous l'avons vu il y a très peu de jours, il y a quelques heures, pourrais-je dire, mettre en relief avec force un caractère épisodique. la pièce a été frappée par la représentation. Chevalier était sur le point de réussir. La flamme sacrée était la sienne. Il y a ceux qui se sont demandés, quelle était la cause d'une fin si cruelle. Ne cherchons pas cette cause. son art, il est mort de fièvre dramatique. Il est mort consumé par la flamme qui nous consume tous peu à peu, hélas, la scène, dont le public ne voit que les sourires et les larmes, aussi douces que les sourires, est jalouse. maître qui exige de ses serviteurs un dévouement absolu et les sacrifices les plus douloureux, et réclame parfois ses victimes. Au nom de tous vos camarades, adieu, Chevalier, adieu !

Les mouchoirs étaient à l'œuvre, essuyant les larmes des personnes en deuil. Les acteurs pleuraient en toute sincérité ; ils pleuraient sur eux-mêmes.

Après leur éclipse, le docteur Trublet, resté seul au cimetière avec Constantin Marc, parcourut d'un coup d'œil la multitude de tombes.

« Vous souvenez-vous, dit-il, d'une réflexion d'Auguste Comte : « L'humanité est composée de morts et de vivants. Les morts sont de loin les plus nombreux. Assurément, les morts sont de loin les plus nombreux. Par la multitude et l'ampleur de leur œuvre, ce sont eux qui gouvernent ; Nos maîtres gisent sous ces pierres. la loi à laquelle je me soumets aujourd'hui ; l'architecte qui a construit ma maison, le poète qui a créé les illusions qui nous troublent encore ; l'orateur qui nous a influencés avant notre naissance. Voici tous les artisans de notre savoir, vrai ou faux. de notre sagesse et de nos folies. Là sont les chefs inexorables, auxquels nous n'osons désobéir. En eux résident la force, la continuité et la durée. Qu'est-ce qu'une génération de gens vivants , en comparaison des générations innombrables de morts. ? Quelle est notre volonté d'un jour avant la volonté de mille siècles ? Pouvons-nous nous rebeller contre eux ? Pourquoi, nous n'avons même pas le temps de leur désobéir !"

« Vous arrivez enfin au point, docteur Socrate ! dit Constantin Marc. « Vous renoncez au progrès, à la nouvelle justice, à la paix du monde, à la liberté de pensée ; vous vous soumettez à la tradition. Vous consentez à l'erreur ancienne, à la bonne vieille ignorance, à l'iniquité vénérable de nos ancêtres.

Vous vous retirez dans le pays français. tradition, vous vous soumettez aux anciennes coutumes, à l'autorité de nos ancêtres.

"D'où tirez-vous la coutume et la tradition?" demanda Trablet. " D'où recevez-vous l'autorité ? Il y a des traditions inconciliables, des coutumes diverses et des autorités opposées. Les morts ne nous imposent aucune volonté. Ils nous soumettent à des volontés contradictoires. Les opinions du passé qui pèsent sur nous sont incertaines et confuses. En nous écrasant, ils se détruisent. Tous ces morts ont vécu, comme nous, dans le désordre et la contradiction. Chacun à son époque, dans la haine ou dans l'amour, a rêvé le rêve de la vie. rêvons à notre tour ce rêve avec bonté et joie, si cela est possible, et allons déjeuner. Je vous emmène dans une petite taverne de la rue Vavin, tenue par Clémence, qui ne cuisine qu'un plat, mais un merveilleux. un en plus, le *cassoulet de Castelnaudary* , à ne pas confondre avec le *cassoulet* préparé à la façon carcassonne, qui est simplement un gigot de mouton aux haricots blancs. Le *cassoulet* de Castelnaudary comprend des cuisses d'oie marinées, des haricots préalablement blanchis, du lard. , et une petite saucisse. Pour être bon, il faut le cuire longuement à feu doux. *Le cassoulet* de Clémence est cuisiné depuis vingt ans. De temps en temps elle met dans la casserole, tantôt un peu d'oie ou de lard, tantôt un saucisson ou des haricots, mais c'est toujours le même *cassoulet* . Le bouillon reste, et ce bouillon ancien et précieux lui donne la saveur que, dans les tableaux des vieux maîtres vénitiens, on retrouve dans la chair ambrée des femmes. Viens, je veux que tu goûtes *le cassoulet de Clémence* ."

CHAPITRE XI

Après avoir dit sa prière, Nanteuil, sans attendre le discours de Pradel, sauta dans une voiture pour rejoindre Robert de Ligny, qui l'attendait devant la gare Montparnasse. Au milieu de la foule des passants, ils se serrèrent la main et se regardèrent sans rien dire. Plus que jamais, ils se sentaient liés. Robert l'aimait.

Il l'aimait sans le savoir. Elle n'était pour lui, du moins le croyait-il, qu'un délice parmi la série infinie de délices possibles. Mais la joie avait pris pour lui la forme de Félicie, et s'il avait réfléchi plus profondément aux innombrables femmes qu'il se promettait pour le reste de sa vie nouvellement commencée, il aurait reconnu qu'elles étaient désormais toutes des Félicie. Il aurait pu au moins comprendre que, sans avoir l'intention de lui être fidèle, il ne rêvait pas d'être infidèle, et que depuis qu'elle s'était donnée à lui, il n'avait désiré aucune autre femme. Mais il ne s'en rendit pas compte.

Mais cette fois-ci, debout sur la place banale et animée, en la voyant non plus dans l'ombre voluptueuse de la nuit, ni sous la lueur caressante de l'alcôve qui donnait à sa forme nue le flou délicieux d'une Voie Lactée, mais dans une atmosphère âpre , diffusant la lumière du jour, par l'éclairage circonstanciel d'un soleil dépourvu de splendeur et sans ombres, qui révélait sous son voile ses paupières brûlées de larmes, ses joues nacrées et ses lèvres rugueuses, il comprit qu'il éprouvait pour la chair de cette femme une profonde et penchant mystérieux.

Il ne l'a pas interrogée. Ils n'échangeaient que des phrases tendres et triviales. Et comme elle avait très faim, il l'emmena déjeuner dans un *cabaret* connu dont le nom brillait en lettres d'or sur une des vieilles maisons de la place. Ils prirent leur repas dans le jardin d'hiver, dont les rocailles, la fontaine et l'arbre solitaire étaient multipliés par des miroirs encadrés dans un treillis vert. Assis à table, consultant la carte, ils conversaient avec moins de retenue qu'auparavant. Il lui dit que les émotions et les inquiétudes des trois derniers jours lui avaient mis les nerfs à rude épreuve, mais il n'y pensait plus et il serait absurde de s'inquiéter davantage de cette affaire. Elle lui parlait de sa santé, se plaignant de ne pouvoir dormir que d'un sommeil agité et plein de rêves. Mais elle ne lui raconta pas ce qu'elle voyait dans ces rêves et évitait de parler du mort. Il lui demanda si elle n'avait pas passé une matinée fatigante et pourquoi elle était allée au cimetière, démarche inutile.

Incapable de lui expliquer le fond de son âme, soumise aux rites, aux cérémonies et aux incantations propitiatoires, elle secoua la tête comme pour dire :

"Devait."

Tandis que ceux qui déjeunaient aux tables voisines achevaient leur repas, ils parlèrent longuement, tous deux à voix basse, en attendant d'être servis.

Robert s'était promis, avait juré bien de ne jamais reprocher à Félicie d'avoir eu Chevalier pour amant, ni même de lui poser une seule question à ce sujet. Et pourtant, mû par quelque ressentiment obscur, par une ébullition de mauvaise humeur ou de curiosité naturelle, et aussi parce qu'il l'aimait trop pour se maîtriser, il lui dit avec de l'amertume dans la voix :

« Vous aviez des relations intimes avec lui, autrefois.

Elle resta silencieuse et ne nia pas le fait. Non qu'elle estime qu'il était désormais inutile de mentir. Au contraire, elle avait l'habitude de nier l'évidence, et elle avait bien sûr trop de connaissances sur les hommes pour ignorer que, en amour, il n'y a pas de mensonge, même maladroit, qu'ils ne puissent ignorer. croire s'ils le souhaitent. Mais cette fois-ci, contrairement à sa nature et à ses habitudes, elle s'est abstenue de mentir. Elle avait peur d'offenser les morts. Elle imaginait qu'en le refusant, elle lui ferait du tort, le priverait de sa part et le mettrait en colère. Elle se taisait, craignant de le voir venir poser ses coudes sur la table, avec son sourire fixe et le trou dans la tête, et de l'entendre dire de sa voix plaintive. "Félicie, tu n'as sûrement pas oublié notre petite chambre, rue des Martyrs ?"

Ce qu'il était devenu pour elle depuis sa mort, elle n'aurait pu le dire, tant cela était étranger à ses croyances, tellement contraire à sa raison, et tant les mots qui auraient exprimé son sentiment semblaient surannés, ridicules et désuets. son. Mais d'un instinct lointain, ou plus probablement de certains contes qu'elle avait entendus dans son enfance, elle tirait l'idée confuse qu'il était du nombre de ces morts qui, dans les temps anciens, tourmentaient les vivants et exorcisé par les prêtres; car, en pensant à lui, elle se mit instinctivement à faire le signe de la croix, et elle se retint seulement pour ne pas paraître ridicule.

Ligny, la voyant mélancolique et distraite, se reprochait ses paroles dures et inutiles, tandis qu'au moment même de se les reprocher, il les suivait d'autres également dures et également inutiles.

"Et pourtant tu m'as dit que ce n'était pas vrai !"

Elle répondit avec ferveur :

"Parce que tu ne vois pas, je voulais que ce ne soit pas vrai."

Elle a ajouté:

"Oh! ma chérie, depuis que je suis à toi, je te jure que je n'appartiens à personne d'autre. Je n'y revendique aucun mérite; j'aurais trouvé cela impossible."

Comme les petits des animaux, elle avait besoin de gaieté. Le vin, qui brillait dans son verre comme de l'ambre liquide, était une joie pour ses yeux, et elle s'en mouillait la langue avec un plaisir luxueux. Elle s'intéressait aux plats qui lui étaient présentés, et notamment aux *pommes de terre soufflées* , comme des cloques dorées. Elle observait ensuite les gens déjeunant aux tables de la salle à manger, leur attribuant, selon leur apparence, des opinions ridicules ou des passions grotesques. Elle remarqua les regards méchants que les femmes lui jetaient et les efforts des hommes pour paraître beaux et importants. Et elle exprima une réflexion générale :

" Robert, as-tu remarqué que les gens ne sont jamais naturels ? Ils ne disent rien parce qu'ils le pensent. Ils le disent parce qu'ils pensent que c'est ce qu'ils devraient dire. Cette habitude les rend très ennuyants. Et il est extrêmement rare de trouvez quelqu'un qui est naturel. Vous, vous êtes naturel.

"Eh bien, je ne pense pas que je sois coupable d'avoir posé."

"Vous posez comme les autres. Mais vous posez selon votre propre personnage. Je vois parfaitement quand vous essayez de me surprendre et de m'impressionner."

Elle lui parla de lui-même et, ramenée par une pensée involontaire à la tragédie de Neuilly, elle lui demanda :

« Est-ce que ta mère t'a dit quelque chose ?

"Non."

"Pourtant, elle devait le savoir."

"Il est probable."

"Es-tu en bons termes avec elle ?"

"Pourquoi oui!"

"On dit qu'elle est encore très belle, ta mère, n'est-ce pas ?"

Il ne lui répondit pas et chercha à changer la conversation. Il n'aimait pas que Félicie lui parle de sa mère, ni qu'elle tourne son attention vers sa famille. Monsieur et Madame de Ligny jouissaient de la plus haute considération dans la société parisienne. M. de Ligny, diplomate de naissance et de profession, était en lui-même un personnage digne de la plus grande considération. Il l'était déjà avant sa naissance, en vertu des services diplomatiques que ses ancêtres avaient rendus à la France. Son arrière-grand-père avait signé la reddition de Pondichéry à l'Angleterre. Madame de Ligny vivait avec son mari dans les conditions les plus correctes. Mais, bien qu'elle n'eût pas d'argent propre, elle vivait avec grand style, et ses robes étaient une des plus grandes gloires de France. Elle reçut la visite intime d'un ancien ambassadeur. Son âge, sa position, ses opinions, ses titres et sa grande fortune rendaient ce lien respectable. Madame de Ligny tenait à distance les dames de la République, et, quand l'envie l'en voulait, leur donnait des leçons de bienséance. Elle n'avait rien à craindre de l'opinion du monde à la mode. Robert savait qu'elle était considérée avec respect par les gens de la société. Mais il redoutait continuellement qu'en parlant d'elle, Félicie ne le fît avec toute la réserve nécessaire. Il craignait que, n'étant pas dans le monde, elle ne dise ce qu'il valait mieux ne pas dire. Il s'est trompé; Félicie ignorait la vie privée de Mme de Ligny ; d'ailleurs, si elle l'avait su, elle ne lui en aurait pas voulu. La dame lui inspirait une curiosité naïve et une admiration mêlée de crainte. Comme son amant ne voulait pas lui parler de sa mère, elle attribuait sa réserve à une certaine arrogance aristocratique, voire à un manque de considération, à son égard, qui soulevait l'orgueil de la femme libre et du plébéien. Elle lui disait acerbement :

"Je suis parfaitement libre de parler de ta mère." La première fois, elle avait ajouté : « Le mien est aussi bon que le vôtre. Mais elle avait compris que la remarque était vulgaire et elle ne l'avait pas répétée.

La salle à manger était désormais vide. Elle regarda sa montre et vit qu'il était trois heures.

"Je dois partir", dit-elle. " On répète cet après-midi *La Grille* . Constantin Marc devrait déjà être au théâtre. Il y a encore un pédé pour toi ! Il se vante que quand il est dans le Vivarais, il ruine toutes les femmes. Et pourtant il est si timide qu'il ose. " Je ne parle même pas à Fagette et à Falempin. Cela m'amuse.

Elle était si fatiguée qu'elle n'eut pas le courage de se lever.

" C'est pas bizarre ? On dit partout que je suis engagé pour les Français, ce n'est pas vrai. Il n'en est même pas question. Bien sûr, je ne peux pas rester indéfiniment là où je suis. A la longue on je m'en fourai là. Mais rien ne presse. J'ai un grand rôle à créer dans *La Grille* . On verra après ça, c'est faire de la comédie, je ne veux pas entrer dans les Français et ensuite ne rien faire. ".

Tout à coup, regardant devant elle avec des yeux pleins de terreur, elle se jeta en arrière, pâlit et poussa un cri aigu. Puis ses paupières battirent et elle murmura qu'elle ne pouvait pas respirer.

Robert desserra sa veste et lui humidifia les tempes avec un peu d'eau.

Elle parla.

" Un prêtre ! J'ai vu un prêtre. Il était en surplis. Ses lèvres remuaient, mais aucun son n'en sortait. Il me regardait. "

Il a essayé de la réconforter.

" Voyons, ma chérie, comment peux-tu supposer qu'un curé, un curé en surplis, se montre dans un restaurant ? "

Elle écouta docilement et se laissa convaincre.

"Tu as raison, tu as raison, je le sais assez bien."

Dans sa petite tête, les illusions furent bientôt dissipées. Elle est née deux cent trente ans après la mort de Descartes, dont elle n'avait jamais entendu parler ; pourtant, comme l'aurait dit le Dr Socrate, il lui avait appris l'usage de la raison.

Robert la retrouva à six heures après la répétition, sous les arcades de l'Odéon, et partit avec elle en fiacre.

"Où allons-nous?" elle a demandé.

Il hésita un peu.

« Cela ne vous dérangerait pas de retourner chez nous là-bas ?

Elle a crié à cette suggestion.

"Oh non ! Je ne pourrais pas ! Oh, mon Dieu, jamais !"

Il répondit qu'il l'avait pensé ; qu'il chercherait autre chose : un petit rez-de-chaussée à Paris ; qu'en attendant, rien que pour aujourd'hui, ils se contenteraient d'une demeure de hasard.

Elle le regardait avec des yeux fixes et lourds, l'attirait violemment vers elle, lui brûlant le cou et les oreilles du souffle de son désir. Puis ses bras s'écartèrent de lui et elle se laissa tomber à côté de lui, déprimée et détendue.

Lorsque le taxi s'est arrêté, elle a dit :

" Vous ne serez pas fâché contre moi, n'est-ce pas, mon propre Robert, de ce que je vais dire ? Pas aujourd'hui, pas demain. "

Elle avait jugé nécessaire de faire ce sacrifice aux morts jaloux.

CHAPITRE XII

lendemain , il l'emmena dans une chambre meublée, banale mais gaie, qu'il avait choisie au premier étage d'une maison donnant sur la place, près de la Bibliothèque nationale. Au centre de la place se dressait le bassin d'une fontaine, soutenu par de vigoureuses nymphes. Les allées, bordées de lauriers et de fusains, étaient désertes, et de cet endroit peu fréquenté on entendait le bourdonnement vaste et rassurant de la ville. La répétition s'était terminée très tard. Lorsqu'ils entrèrent dans la chambre, la nuit, déjà plus lente à arriver en cette saison de fonte des neiges, commençait à jeter ses ténèbres sur les tentures. Les grands miroirs de l'armoire et du trumeau se remplissaient de vagues lumières et ombres. Elle ôta son manteau de fourrure, alla regarder par la fenêtre entre les rideaux et dit :

"Robert, les marches sont mouillées."

Il répondit qu'il n'y avait pas de perron, seulement le trottoir et la route, puis un autre trottoir et la grille de la place.

"Vous êtes Parisienne, vous connaissez bien cette place. Au centre, parmi les arbres, il y a une fontaine monumentale, avec des femmes énormes dont les seins ne sont pas aussi jolis que les vôtres."

Dans son impatience, il l'aida à défaire sa robe de drap ; mais il ne trouva pas les crochets et se gratta avec les épingles.

"Je suis maladroit", dit-il.

Elle rétorqua en riant :

" Vous n'êtes certes pas aussi intelligente que Madame Michon ! Ce n'est pas tant une maladresse, mais vous avez peur de vous piquer. Les hommes sont une race lâche. Quant aux femmes, elles doivent s'habituer à souffrir. C'est vrai : être une femme c'est d'être presque toujours malade.

Il ne remarqua pas qu'elle était pâle, avec des cernes sombres autour des yeux. Il la désirait si ardemment ; il ne la voyait plus.

"Ils sont très sensibles à la douleur, dit-il, mais ils sont aussi très sensibles au plaisir. Connaissez-vous Claude Bernard ?"

"Non."

"C'était un grand scientifique. Il disait qu'il n'hésitait pas à reconnaître la suprématie de la femme dans le domaine de la sensibilité physique et morale."

Nanteuil; décrochant ses haubans, répondit :

" S'il voulait dire par là que toutes les femmes sont sensibles, c'était bien un vieux novice. Il aurait dû voir Fagette ; il aurait vite découvert s'il était facile d'en tirer quelque chose au domaine... comment l'a-t-il exprimé. ?—de sensibilité physique et morale.

Et elle ajouta avec une douce fierté :

"Ne te trompe pas, Robert, il n'y a pas autant de femmes comme moi."

Alors qu'il la prenait dans ses bras, elle se relâcha.

"Vous me gênez."

S'asseyant et se recroquevillant pour défaire ses bottes, elle continua.

"Savez-vous que le Dr Socrate m'a dit l'autre jour qu'il avait vu une apparition. Il a vu un âne qui avait assassiné une petite fille. J'ai rêvé de cette histoire la nuit dernière, mais dans mon rêve, je ne pouvais pas comprendre. si le garçon-âne était un homme ou une femme. Quelle confusion ce rêve ! A propos du docteur Socrate, devinez de qui il est l'amant, eh bien, la dame qui tient la bibliothèque circulante de la rue Mazarine. elle n'est plus très jeune, mais elle est très intelligente. Tu crois qu'il lui est fidèle ? J'enlève mes bas, c'est plus seyant.

Et elle lui raconta une histoire de théâtre :

"Je ne pense vraiment pas rester longtemps à l'Odéon."

"Pourquoi?"

" Tu verras. Pradel m'a dit aujourd'hui, avant la répétition : " Mon cher petit Nanteuil, il n'y a jamais rien eu entre nous. C'est ridicule. Il était extrêmement convenable, mais il m'a fait comprendre que nous étions dans une fausse position les uns par rapport aux autres, qui ne pouvait pas durer indéfiniment. Il faut savoir que Pradel a établi une règle. Autrefois, il choisissait parmi les siens. *pensionnaires* ... Il avait des favoris, et cela a fait un tollé. Aujourd'hui, pour une meilleure administration du théâtre, il les prend tous, même ceux qu'il n'aime pas, même ceux qui lui déplaisent. Il n'y a plus de favoris. ça va à merveille. Ah, c'est un réalisateur jusqu'au bout, c'est Pradel !"

Pendant que Robert, dans le lit, écoutait en silence, elle s'approcha de lui et le secoua :

"Alors ça ne te dérange pas si je continue avec Pradel ?"

"Non, ma chère, cela ne me ferait pas de mal. Mais rien de ce que je pourrais dire ne l'empêcherait."

Penchée sur lui, elle le caressait ardemment, feignant de le menacer et de le punir ; et elle s'écria :

"Alors tu ne m'aimes pas vraiment, tu n'es pas jaloux. J'insiste pour que tu sois jaloux."

Puis, tout à coup, elle s'éloigna de lui, et remontant sur son épaule gauche sa chemise qui descendait sous son sein droit, elle flâna devant la coiffeuse et demanda avec inquiétude :

"Robert, tu n'as rien apporté ici de l'autre pièce ?"

"Rien."

Alors, doucement, timidement, elle se glissa dans le lit. Mais à peine s'était-elle couchée qu'elle se releva de l'oreiller sur son coude et, tendant le cou, écouta les lèvres entrouvertes. Il lui semblait entendre, le long de l'allée de graviers, de légers bruits de pas qu'elle avait entendus dans la maison du boulevard de Villiers. Elle courut à la fenêtre ; elle vit l'arbre de Judée, la pelouse, la porte du jardin. Sachant ce qu'elle allait voir, elle chercha à cacher son visage dans ses mains, mais elle ne put lever les bras, et le visage de Chevalier se dressa devant elle.

CHAPITRE XIII

Elle était rentrée chez elle avec une fièvre brûlante. Robert, après avoir dîné *en famille*, s'était retiré dans son grenier. Il avait les nerfs à vif, et il était très en colère à cause de la manière dont Nanteuil l'avait quitté.

Sa chemise et ses vêtements, disposés sur le lit par son valet de chambre, semblaient l'attendre dans une attitude domestique et obséquieuse. Il commença à s'habiller avec un empressement un peu maussade. Il était impatient de quitter la maison. Il ouvrit sa fenêtre ronde, écouta le murmure de la ville et aperçut au-dessus des toits la lueur qui montait dans le ciel de la ville de Paris. Il flairait de loin toutes les chairs amoureuses rassemblées, en cette nuit d'hiver, dans les théâtres et les grands *cabarets*, les cafés-concerts et les bars.

Irrité par le refus de Félicie de ses désirs, il avait décidé de les satisfaire ailleurs, et comme il n'avait conscience d'aucune préférence, il croyait que sa seule difficulté serait de faire un choix ; mais il se rendit compte bientôt qu'il n'avait aucun désir pour aucune des femmes de sa connaissance, et qu'il n'éprouvait même aucun désir pour une femme inconnue. Il ferma sa fenêtre et s'assit devant le feu.

C'était un feu de coke ; Madame de Ligny, qui portait des manteaux valant mille livres, économisait pour sa table et ses feux. Elle ne permettait pas qu'on brûle du bois dans sa maison.

Il réfléchit à ses propres affaires, auxquelles il n'avait jusqu'ici que peu ou pas pensé ; sur la carrière qu'il avait embrassée et qu'il voyait obscurément devant lui. Le Ministre était un grand ami de sa famille. Alpiniste des Cévennes, élevé aux châtaigniers, ses yeux éblouis clignaient sur les tables fleuries de Paris. Il était trop astucieux et trop rusé pour ne pas conserver sur la vieille aristocratie qui l'accueillait en son sein son avantage : l'avantage des caprices durs et des refus arrogants. Ligny le connaissait et n'attendait aucune faveur de sa part. Il était en cela plus perspicace que sa mère, qui s'attribuait un certain pouvoir sur le petit homme brun et poilu, qu'elle engloutissait tous les jeudis dans ses jupes majestueuses en allant du salon à table. Il l'a jugé désobligeant. Et puis quelque chose s'était mal passé entre eux. Robert, par malheur, avait devancé son ministre dans son intimité avec une dame que celui-ci aimait jusqu'à l'absurdité : Madame de Neuilles, femme de petite vertu. Et il lui sembla que le petit homme poilu s'en doutait et le regardait d'un œil hostile. Et enfin, l'idée lui était venue au Quai d'Orsay que les ministres ne peuvent ni ne veulent faire grand-chose. Mais il n'exagérait pas les choses et pensait qu'il était tout à fait possible d'obtenir un petit poste de secrétaire. Tel avait été son souhait jusqu'ici. Il tenait surtout à ne pas quitter Paris. Sa mère, au contraire, aurait préféré qu'il soit envoyé à La Haye, où un poste de troisième secrétaire était vacant. Et voilà que, tout d'un coup, il s'est prononcé en faveur de La Haye. "Je vais y aller", dit-il. "Le plus tôt sera le mieux." Sa décision étant prise, il passa en revue ses raisons. En premier lieu, ce serait une excellente chose pour sa future carrière. Encore une fois, le poste de La Haye a été agréable. Un de ses amis, qui l'avait détenu, avait développé la délicieuse hypocrisie de la petite capitale endormie, où tout était machiné et « bricolé » pour le confort du corps diplomatique. Il réfléchit aussi que La Haye était le berceau auguste d'un nouveau droit international et alla finalement jusqu'à invoquer l'argument selon lequel il ferait plaisir à sa mère. Après quoi il comprit qu'il voulait quitter la maison uniquement à cause de Félicie.

Ses pensées à son égard n'étaient pas bienveillantes. Il la savait menteuse, craintive et une amie malveillante. Il avait la preuve qu'elle aimait les acteurs les plus bas, ou, en tout cas, qu'elle changeait d'avis avec eux. Il n'était pas sûr qu'elle ne le trompât pas, non qu'il ait découvert quoi que ce soit de suspect dans la vie qu'elle menait, mais parce qu'il se méfiait à juste titre de toutes les femmes. Il évoquait dans son esprit tout le mal qu'il savait d'elle, se persuadait qu'elle était une petite jade, et, conscient qu'il l'aimait, il croyait qu'il l'aimait simplement à cause de son extrême beauté. Cette raison lui parut bonne ; mais en l'analysant, il s'aperçut qu'elle n'expliquait rien ; qu'il aimait la jeune fille, non pas parce qu'elle était extrêmement jolie, mais parce qu'elle l'était d'une manière peu commune ; qu'il l'aimait pour ce qu'il y avait en elle d'incomparable et de rare ; parce qu'en un mot, elle était une merveille d'art et de volupté, un joyau vivant d'une valeur inestimable. Alors, se rendant compte de sa faiblesse, il pleura, déplorant sa liberté perdue, son esprit captif, son âme désordonnée, le dévouement de sa chair et de son sang envers une petite créature faible et perfide.

Il s'était brûlé les yeux en regardant le feu de coke derrière les barreaux de la cheminée. Il les ferma de douleur et, sous ses yeux fermés, il vit des nègres bondir devant lui dans une émeute obscène et sanglante. Tandis qu'il cherchait à se rappeler de quel livre de voyage, lu dans son enfance, ces noirs sortaient, il les voyait diminuer, se résoudre en points imperceptibles et disparaître dans une Afrique rouge, qui peu à peu en était venue à représenter la blessure vue par la lumière. d'un match le soir du suicide. Il réfléchit.

"Cet imbécile de chevalier ! Eh bien, je pensais à peine à ce type !"

Soudain, sur ce fond de sang et de flammes ; apparut la forme élancée de Félicie, et il sentit en lui un désir ardent et cruel.

CHAPITRE XIV

Il alla la voir le lendemain, dans le petit appartement du boulevard Saint-Michel. Il n'avait pas l'habitude d'y aller. Il ne tenait pas particulièrement à rencontrer Mme Nanteuil ; elle l'ennuyait et le gênait, bien qu'elle se montrait extrêmement polie avec lui, jusqu'à l'obséquiosité.

C'était elle qui le recevait dans le petit salon. Elle le remercia de son intérêt pour la santé de Félicie et l'informa qu'elle avait été agitée et malade la nuit précédente, mais qu'elle se sentait maintenant mieux.

" Elle est dans sa chambre, elle travaille à son côté. Je lui dirai que vous êtes là. Elle sera bien contente de vous voir, monsieur de Ligny. Elle sait que vous l'aimez beaucoup. Et les vrais amis sont rares, surtout dans le monde du théâtre.

Robert observait madame Nanteuil avec une attention qu'il ne lui avait pas accordée jusqu'alors. Il essayait de voir sur son visage celui qui serait celui de sa fille dans les années à venir. En se promenant dans la rue, il aimait lire, sur le visage des mères, les amours des filles. Et à cette occasion, il a assidûment déchiffré les traits et la figure de cette femme comme une intéressante prophétie. Il ne découvrit rien de mauvais ou de bon augure. Madame Nanteuil, rondelette, au teint frais, au teint frais, n'était pas désagréable par la plénitude sensuelle de ses contours. Mais sa fille ne lui ressemblait pas du tout.

La voyant si recueillie et sereine, il lui dit :

"Vous n'êtes pas vous-même d'un tempérament nerveux ?"

"Je n'ai jamais été nerveux. Ma fille ne tient pas de moi. Elle est l'image vivante de son père. Il était délicat, même si sa santé n'était pas mauvaise. Il est mort d'une chute de cheval. Tu prendras une tasse de thé, n'est-ce pas, monsieur de Ligny ?

Félicie entra dans la pièce. Ses cheveux étaient étalés sur ses épaules ; elle était enveloppée dans une robe de chambre de laine blanche, tenue très lâche à la taille par une lourde ceinture brodée, et elle se traînait dans des pantoufles rouges ; elle avait l'air d'une simple enfant. L'ami de la maison, Tony Meyer, le marchand de tableaux, avait l'habitude, lorsqu'il la voyait dans ce vêtement un peu moine en apparence, de l'appeler Frère Ange de Charolais, parce qu'il avait découvert en elle une ressemblance avec un portrait. par Nattier qui représentait Mademoiselle de Charolais en habit franciscain. Devant cette petite fille, Robert était surpris et silencieux.

« C'est gentil à vous, dit-elle, d'être venue me demander. Je vais mieux, merci.

" Elle travaille beaucoup, elle travaille trop ", dit Mme Nanteuil. "Son rôle dans *La Grille* la fatigue."

"Oh non, maman."

Ils parlèrent de théâtre, et la conversation languissait.

Pendant un moment de silence, Mme Nanteuil demanda à M. de Ligny s'il collectionnait encore les estampes de mode.

Félicie et Robert la regardaient sans comprendre. Ils lui avaient raconté peu de temps auparavant une fiction sur des gravures de mode, pour expliquer des rencontres qu'ils n'avaient pu cacher. Mais ils l'avaient complètement oublié. Depuis lors, un morceau de lune, comme dit un vieil auteur, était tombé dans leur amour ; Seule Mme Nanteuil, dans son profond respect pour la fiction, s'en souvenait.

"Ma fille m'a dit que vous aviez un grand nombre de ces vieilles gravures et qu'elle y trouvait des idées pour ses costumes."

"Tout à fait, madame, tout à fait."

« Venez ici, monsieur de Ligny, dit Félicie. "Je veux vous montrer un dessin de costume pour le rôle de Cécile de Rochemaure."

Et elle l'emmena dans sa chambre.

C'était une petite pièce tendue de papier fleuri ; le mobilier se composait d'une armoire avec miroir, de deux chaises recouvertes de crin et d'un lit en fer ; avec une couverture blanche ; au-dessus, il y avait un bol d'eau bénite et un brin de buis.

Elle lui fit un long baiser sur la bouche.

"Je t'aime, tu sais !"

"Assez sûr?"

"Oh oui ! Et toi ?"

"Moi aussi, je t'aime. Je n'aurais pas cru pouvoir t'aimer autant !"

"Puis c'est arrivé après."

"Ça vient toujours après."

— C'est vrai, ce que tu viens de dire, Robert. Avant, on ne sait pas.

Elle secoua la tête.

"J'étais très malade hier."

"Avez-vous vu Trublet ? Qu'a-t-il dit ?"

"Il m'a dit que j'avais besoin de repos et de calme. Ma chérie, il faut qu'on soit raisonnable encore quinze jours. Ça te dérange ?"

"Je fais."

"Moi aussi. Mais qu'est-ce que tu aurais?"

Il fit deux ou trois fois le tour de la pièce, regardant dans tous les coins. Elle le regardait avec une certaine inquiétude, craignant qu'il ne lui posât des questions sur ses pauvres bijoux et ses bibelots bon marché, assez modestes comme cadeaux, mais elle ne pouvait toujours expliquer comment elle en était venue à les recevoir. Bien sûr, on peut dire tout ce qu'on veut, mais on peut se contredire et s'attirer des ennuis, et cela n'en vaut assurément pas la peine. Elle détourna son attention.

"Robert, ouvre ma boîte à gants."

"Qu'est-ce que tu as dans ta boîte à gants ?"

"Les violettes que tu m'as données la première fois. Chéri, ne me quitte pas ! Ne pars pas. Quand je pense que d'un jour à l'autre tu pourras aller dans un pays étranger, à Londres, à Constantinople, je me sens fou."

Il la réconforta en lui disant qu'on avait envisagé de l'envoyer à La Haye. Mais il était déterminé à ne pas y aller ; il se ferait attacher au cabinet du ministre.

"Tu promets?"

Il a fait cette promesse en toute sincérité. Et elle est devenue très joyeuse.

Montrant la petite armoire avec son miroir, elle dit :

" Écoute, chérie, c'est là que j'étudie mon rôle. Quand tu es arrivée, je travaillais sur ma scène du quatrième. Je profite d'être seul pour essayer de trouver le ton exact. Je recherche un effet ample et doux. Si je si j'écoutais Romilly, je mâcherais mes mots, et le résultat serait misérable, je serais obligé de dire : « Je ne te crains pas. C'est le grand moment du rôle. Savez-vous comment Romilly voudrait que je dise : « Je ne te crains pas », je vais te le montrer, je dois porter la main à mon nez, ouvrir les doigts et dire un mot à toi ? chaque doigt séparément, sur un ton particulier, avec une expression particulière : « Je n'ai pas peur de toi », comme si j'exhibais des marionnettes ! C'est étonnant qu'il ne me demande pas de mettre un petit chapeau en papier sur chaque doigt ! Subtil, intellectuel, n'est-ce pas ? »

Puis, soulevant ses cheveux et découvrant ses traits animés, elle dit :

"Je vais vous montrer comment je fais."

Soudain transfigurée, paraissant plus grande, elle prononça ces mots avec un air de dignité naïve et d'innocence sereine :

"Non, monsieur, je ne vous crains pas. Pourquoi vous aurais-je peur ? Vous avez pensé à me piéger, et vous vous êtes mis à ma merci. Vous êtes un homme d'honneur. Maintenant que je suis sous l'abri de votre toit, vous me direz ce que vous avez dit au chevalier d'Amberre, votre ennemi, lorsqu'il est entré par cette porte. Vous me direz : « Vous êtes chez vous, je suis à vous. »

Elle avait le don mystérieux de changer son âme et son visage. Ligny était sous le charme de cette belle illusion.

"Tu es merveilleux !"

" Écoute, minou. Je porterai un grand bonnet de gazon avec des bavettes les unes au-dessus des autres, de chaque côté de mon visage. Tu vois, dans la pièce, je suis une jeune fille de la Révolution. Et il faut impérativement que je il faut que les gens le ressentent. Il faut que j'aie la Révolution *en* moi, tu comprends ?

"Etes-vous bien dans la Révolution ?"

"Bien sûr que oui ! Je ne connais pas les dates, bien sûr. Mais j'ai le sentiment de l'époque. Pour moi, la Révolution, c'est une poitrine gonflée d'orgueil sous un foulard croisé, des genoux en pleine liberté dans un costume rayé. jupon, et une petite touche de couleur sur les pommettes. Et voilà ! »

Il lui posa des questions sur la pièce et se rendit compte qu'elle n'en savait rien. Elle n'avait pas besoin d'en savoir rien. Elle devinait, elle y trouvait d'instinct tout ce dont elle avait besoin.

" Aux répétitions, je ne leur fais jamais allusion à aucun de mes effets, je les garde tous pour le public. Romilly s'arrachera les cheveux. Comme ils auront tous l'air bêtes ! Fagette, ma chère, se rendra malade. au-dessus."

Elle s'assit sur une petite chaise branlante. Son front, un instant auparavant blanc comme du marbre, était rose ; elle avait repris son expression effrontée de clapet.

Il s'approcha d'elle, contempla le gris fascinant de ses yeux et, comme la veille, assis devant son feu de coke, il se dit qu'elle était menteuse, lâche et méchante envers ses amis. ; mais maintenant cette pensée était tempérée par l'indulgence. Il pensait qu'elle avait des liaisons avec des acteurs du genre le plus bas, ou qu'au moins elle faisait des changements avec eux ; mais cette pensée était tempérée par une douce pitié. Il se rappelait tout le mal qu'il connaissait d'elle, mais sans amertume. Il sentait qu'il l'aimait, moins parce qu'elle était jolie que parce qu'elle était jolie à sa manière ; en un mot, qu'il l'aimait parce qu'elle était un joyau doué de vie et une chose incomparable d'art et de volupté. Il regarda le gris fascinant de ses yeux, ses pupilles, où de minuscules symboles astrologiques semblaient flotter dans une marée lumineuse. Il la regarda avec un regard si inquisiteur qu'elle le sentit la transpercer. Et, assurée qu'il avait bien vu en elle, elle lui dit, les yeux sur les siens, en lui prenant la tête entre ses deux mains :

"Oh oui ! Je suis une mauvaise petite actrice ; mais je t'aime et je me fiche de l'argent. Et il n'y en a pas beaucoup d'aussi bonnes que moi. Et tu le sais assez bien."

CHAPITRE XV

Ils se retrouvaient quotidiennement au théâtre et se promenaient ensemble.

Nanteuil jouait presque tous les soirs et travaillait avec ardeur son rôle de Cécile. Elle retrouvait peu à peu sa tranquillité d'esprit ; ses nuits étaient moins troublées ; elle n'obligeait plus sa mère à lui tenir la main pendant qu'elle s'endormait et ne se retrouvait plus à suffoquer dans des cauchemars. Une quinzaine se passa ainsi. Puis, un matin, alors qu'elle était assise à sa coiffeuse et qu'elle se coiffait, elle pencha la tête vers la glace, comme le temps était couvert, et elle y vit, non pas son propre visage, mais celui du mort. Un filet de sang coulait d'un coin de sa bouche ; il souriait et la regardait.

Sur ce, elle a décidé de faire ce qu'elle pensait être la chose appropriée et efficace. Elle a pris un taxi et est partie le voir. En descendant le boulevard Saint-Michel, elle a acheté un bouquet de roses chez son fleuriste. Elle les lui a apportés. Elle se mit à genoux devant la petite croix noire qui marquait l'endroit où on l'avait déposé. Elle lui parlait, elle le suppliait d'être raisonnable, de la laisser tranquille. Elle lui demanda pardon de l'avoir traité autrefois avec dureté. Les gens ne se comprenaient pas toujours dans la vie. Mais maintenant, il devrait comprendre et lui pardonner. A quoi ça lui servait de la tourmenter ? Elle ne demandait pas mieux que de garder de lui un bon souvenir. Elle venait le voir de temps en temps. Mais il doit cesser de la persécuter et de l'effrayer.

Elle cherchait à le flatter et à l'apaiser par des phrases douces.

"Je peux comprendre que tu veuilles te venger. C'était naturel. Mais tu n'es pas méchant dans l'âme. Ne sois plus en colère. Ne me fais plus peur. Ne viens plus me voir. Je Je viendrai vers toi ; je viendrai souvent. Je t'apporterai des fleurs.

Elle avait envie de le tromper, de l'apaiser par des promesses mensongères, de lui dire : « Reste où tu es ; ne t'inquiète plus ; reste où tu es, et je te jure que je ne ferai plus jamais rien qui puisse t'offenser. » ; je promets de me soumettre à votre volonté. Mais elle n'osait pas s'allonger sur une tombe, et elle était sûre que cela ne servirait à rien, que les morts savent tout.

Un peu fatiguée, elle continua quelque temps, avec plus d'indolence, ses prières et ses supplications, et elle comprit qu'elle n'éprouvait plus l'horreur que les tombeaux lui inspiraient autrefois ; qu'elle n'avait aucune crainte du mort. Elle en chercha la raison et découvrit qu'il ne lui faisait pas peur parce qu'il n'était pas là.

Et elle réfléchit :

"Il n'est pas là ; il n'est jamais là ; il est partout sauf là où on l'a déposé. Il est dans les rues, dans les maisons, dans les chambres."

Et elle se releva désespérée, sûre que désormais elle le rencontrerait partout sauf au cimetière.

CHAPITRE XVI

Après quinze jours de patience, Ligny la pressa de reprendre leurs anciennes relations. Le délai qu'elle s'était fixé elle-même était écoulé. Il n'attendrait plus. Elle souffrait autant que lui de se refuser à lui. Mais elle redoutait de voir revenir le mort. Elle trouva de mauvaises excuses pour reporter ses rendez-vous ; elle finit par avouer qu'elle avait peur. Il la méprisait pour avoir fait preuve de si peu de bon sens et de courage. Il ne sentait plus qu'elle l'aimait, et il lui parlait durement, mais il la poursuivait sans cesse de son désir.

Des jours amers et des heures stériles suivirent. Comme elle n'osait plus chercher l'abri d'un toit en sa compagnie, ils prenaient un fiacre, et après des heures de route dans les faubourgs de la ville, ils descendaient dans quelque avenue sombre et erraient au loin sous l'aigre vent de l'est. vent, marchant rapidement, comme châtié par le souffle d'une colère invisible.

Autrefois pourtant le temps était si doux qu'il les remplissait de sa douce langueur. Côte à côte, ils parcouraient les sentiers déserts du bois de Boulogne. Les bourgeons, qui commençaient à gonfler au bout des fines branches noires, teignaient en violet la cime des arbres sous le ciel rose. A leur gauche s'étendaient les champs, parsemés de bouquets d'arbres sans feuilles, et les maisons d'Auteuil étaient visibles. Des coupés à conduite lente, avec leurs passagers âgés, rampaient sur la route, et les nourrices poussaient leurs poussettes. Une automobile brisait le silence du Bois par son bourdonnement.

"Est-ce que tu aimes ces machines?" demanda Félicie.

"Je les trouve pratiques, c'est tout."

C'était vrai qu'il n'était pas chauffeur. Il n'avait aucun goût pour aucun sport ; il ne s'occupait que des femmes.

Désignant un fiacre qui venait de les dépasser, elle s'écria :

"Robert, tu as vu ?"

"Non."

"Jeanne Perrin était là avec une femme."

Et, comme il manifestait une calme indifférence, elle ajouta d'un ton de reproche :

"Vous êtes comme le Dr Socrate. Pensez-vous que ce genre de chose est naturel ?"

Le lac dormait, lumineux et serein, entre ses sombres murs de pins. Ils prirent le sentier à droite qui longeait la berge où les oies blanches et les cygnes lissaient leurs plumes. A leur approche, une flottille de canards, semblables à des coques vivantes, au cou courbé comme une proue, fit voile vers eux.

Félicie leur dit, d'un ton de regret, qu'elle n'avait rien à leur donner.

"Quand j'étais petite, continue-t-elle, papa m'emmenait le dimanche nourrir les animaux. C'était ma récompense pour avoir bien appris mes leçons toute la semaine. Papa aimait la campagne. Il il aimait les chiens, les chevaux, tous les animaux en fait. Il était très doux et très intelligent. Mais la vie est difficile pour un officier qui n'a pas d'argent propre. faire comme les riches officiers, et puis il ne s'entendait pas avec maman. La vie de papa n'était pas souvent misérable, mais nous nous comprenions sans nous parler. m'aimait beaucoup Robert, mon cher, plus tard, dans un avenir lointain, très lointain, j'aurai une petite maison à la campagne et quand tu viendras là-bas, ma bien-aimée, tu me trouveras en jupe courte. , jetant du maïs à mes poules."

Il lui a demandé ce qui lui avait donné l'idée de monter sur scène.

"Je savais très bien que je ne trouverais jamais de mari, puisque je n'avais pas de dot. Et d'après ce que je voyais de mes amies plus âgées, travaillant dans la couture ou dans un bureau de télégraphe, je n'étais pas incitée à les suivre dans leur vie. Quand j'étais toute petite, je pensais que ce serait bien d'être actrice. J'avais joué une fois, dans mon pensionnat, dans une petite pièce de théâtre, le jour de la Saint-Nicolas. alouette. La maîtresse a dit que je n'avais pas bien joué, mais c'est parce que maman lui devait tout un trimestre. Dès l'âge de quinze ans, j'ai commencé à songer sérieusement à monter sur scène, j'ai travaillé, j'ai travaillé. J'ai travaillé très dur. C'est un métier éreintant, mais le succès apporte du repos."

En face du chalet de l'île, ils trouvèrent le ferry amarré au débarcadère. Ligny sauta dedans, entraînant Félicie après lui.

"Ces grands arbres sont magnifiques, même sans feuilles", a-t-elle déclaré. "Mais je pensais que le chalet était fermé à cette période de l'année."

Le passeur leur raconta que, lors des belles journées d'hiver, les promeneurs aimaient visiter l'île, parce qu'ils y pouvaient jouir du calme, et qu'il venait tout juste de faire traverser deux dames.

Un garçon, qui vivait dans la solitude de l'île, leur apporta du thé dans un salon rustique, meublé de deux chaises, d'une table, d'un piano et d'un canapé. Les lambris étaient moisis, les planches du parquet avaient commencé. Félicie regardait par la fenêtre la pelouse et les grands arbres.

" Qu'est-ce que c'est, " demanda-t-elle, " cette grosse boule sombre sur le peuplier ? "

"C'est du gui, mon animal de compagnie."

"On croirait que c'est un animal enroulé autour de la branche et qui la ronge. Ce n'est pas beau à regarder."

Elle appuya sa tête sur l'épaule de son amant, en disant d'un ton langoureux :

"Je t'aime."

Il l'attira sur le canapé. Elle le sentait, agenouillé à ses pieds, ses mains, maladroites d'impatience, glisser sur elle, et elle supportait ses tentatives, inertes, découragées, pressentant que cela ne servait à rien. Ses oreilles sonnaient comme une petite cloche. La sonnerie cessa et elle entendit ; à sa droite, dit une voix étrange, claire et glaciale. "Je vous interdit d'appartenir les uns aux autres." Il lui semblait que la voix parlait d'en haut, dans la lueur de la lumière, mais elle n'osait pas tourner la tête. C'était une voix inconnue. Involontairement et malgré elle, elle essaya de se souvenir de sa voix, et elle se rendit compte qu'elle avait oublié le son et qu'elle ne pourrait plus jamais s'en souvenir. La pensée lui vint : « C'est peut-être la voix qu'il a maintenant. » Terrifiée, elle repoussa rapidement sa jupe sur ses genoux. Mais elle se retint de crier, et elle ne parla pas de ce qu'elle venait d'entendre, de peur de passer pour une folle, et parce qu'elle se rendait compte d'une manière ou d'une autre que ce n'était pas réel.

Ligny s'éloigna d'elle.

"Si tu ne veux plus rien avoir à faire avec moi, dis-le honnêtement. Je ne vais pas te prendre de force."

Assise droite, les genoux serrés, elle lui dit :

"Chaque fois que nous sommes dans une foule, tant qu'il y a du monde autour de nous, je te veux, j'ai envie de toi, mais dès que nous sommes seuls, j'ai peur."

Il répondit par un ricanement bas et méchant :

" Ah ! s'il vous faut un public pour vous stimuler ! "

Elle se leva et revint à la fenêtre. Une larme coulait sur sa joue. Elle pleura quelque temps en silence. Tout à coup, elle l'appela :

"Regardez là!"

Elle montra Jeanne Perrin, qui se promenait sur la pelouse avec une jeune femme. Chacun avait un bras autour de la taille de l'autre ; ils se donnaient des violettes à sentir et souriaient.

"Tu vois ! Cette femme est heureuse ; son esprit est en paix."

Et Jeanne Perrin, goûtant la paix des habitudes établies, se promenait satisfaite et sereine, sans même trahir aucune fierté de son étrange préférence.

Félicie la regardait avec un intérêt qu'elle ne s'avouait pas, et lui enviait sa sérénité.

"Elle n'a pas peur, cette femme."

"Laissez-la tranquille ! Quel mal nous fait-elle ?"

Et il la saisit violemment par la taille. Elle se libéra avec un frisson. A la fin, déçu, frustré, humilié, il s'emporte, la traite de sotte et jure qu'il ne supportera plus sa façon ridicule de le traiter.

Elle ne répondit rien et se remit à pleurer.

Irrité par ses larmes, il lui dit durement :

"Puisque tu ne peux plus me donner ce que je te demande, il est inutile que nous nous rencontrions davantage. Il n'y a plus rien à dire entre nous. D'ailleurs, je vois que tu as cessé de m'aimer. Et tu avouerais, si pour une fois vous pouviez dire la vérité, que vous n'avez jamais aimé personne sauf ce misérable acteur de second ordre."

Puis sa colère explosa et elle gémit de désespoir :

"Menteur ! Menteur ! C'est une chose abominable à dire. Tu vois que je pleure, et tu veux me faire souffrir davantage. Tu profites du fait que je t'aime pour me rendre malheureux. C'est lâche. Ben non alors , je ne t'aime plus. Va-t'en ! Je ne veux plus te revoir. Mais c'est vrai, qu'est-ce qu'on fait comme ça ? On va passer notre vie à nous regarder comme ça, sauvages les uns avec les autres, plein de désespoir et de rage ? Ce n'est pas de ma faute, je ne peux pas, je ne peux pas, pardonne-moi, chérie, je t'aime, je t'adore, je veux seulement que tu le chasses. " Tu es un homme, tu sais ce qu'il y a à faire. Chasse-le. C'est toi qui l'as tué, pas moi. Tue-le complètement, oh mon Dieu, je deviens fou ! "

Le lendemain, Ligny demanda à être envoyé comme troisième secrétaire à La Haye. Il fut nommé une semaine plus tard et partit aussitôt, sans avoir revu Félicie.

CHAPITRE XVII

Madame Nanteuil ne pensait qu'au bien de sa fille. Sa liaison avec Tony Meyers, marchand de tableaux de la rue de Clichy, lui laissait beaucoup de loisirs et le cœur inoccupé. Elle rencontra au théâtre un Monsieur Bondois, fabricant d'appareils électriques ; il était encore jeune, supérieur à son métier et extrêmement bien élevé. Il était doué d'un tempérament amoureux et d'un caractère timide, et, comme les jeunes et belles femmes lui faisaient peur, il s'était accoutumé à ne désirer que des femmes qui ne fussent ni jeunes ni belles. Madame Nanteuil était encore une femme très agréable. Mais une nuit, alors qu'elle était mal habillée et qu'elle n'était pas à son meilleur ; il lui fit l'offre de ses affections. Elle l'acceptait comme une aide au ménage et pour que sa fille ne manque de rien. Son dévouement lui a apporté le bonheur. M. Bondois l'aimait et la courtisait avec ardeur. Au début, cela la surprit ; puis cela lui a apporté du bonheur et de la tranquillité d'esprit ; il lui semblait naturel et bon d'être aimée, et elle ne pouvait croire que le temps de l'amour était passé, alors qu'elle recevait la preuve du contraire.

Elle avait toujours fait preuve d'un caractère bienveillant, d'un caractère facile à vivre et d'un caractère égal. Mais jamais encore elle n'avait manifesté chez elle un esprit si heureux et une prévenance aussi gracieuse. Bonne envers les autres et envers elle-même, conservant toujours, au fil des heures changeantes, le sourire qui découvrait ses belles dents et faisait apparaître des fossettes sur ses joues rebondies, reconnaissante à la vie de ce qu'elle lui donnait, épanouie, grandissante, débordante, elle était la joie et la jeunesse de la maison.

Tandis que Mme Nanteuil concevait et exprimait des idées lumineuses et gaies, Félicie devenait vite sombre, inquiète et maussade. Des rides ont commencé à apparaître sur son joli visage ; sa voix prit un ton grinçant. Elle avait tout de suite compris la place qu'occupait M. Bondois dans la maison, et si elle eût préféré que sa mère vive et respirât pour elle seule, si sa piété filiale souffrait de ce qu'elle était forcée de moins la respecter, si elle l'enviait. bonheur, ou si seulement elle éprouvait le chagrin que nous causent les amours quand on les rapproche trop étroitement, Félicie, surtout aux repas et tous les jours, reprochait amèrement à Mme Nanteuil, dans des allusions très pointues et dans des termes qui n'étaient justement pas voilés, à l'égard de ce nouvel « ami de la famille » ; et pour M. Bondois lui-même, chaque fois qu'elle le rencontrait, elle manifestait un dégoût expressif et une aversion non dissimulée. Madame Nanteuil n'en fut que moyennement affligée, et elle excusa sa fille en pensant que la jeune fille n'avait encore aucune expérience de la vie. Et M. Bondois, que Félicie inspirait une terreur surhumaine, s'efforçait de l'apaiser par des signes de respect et des cadeaux peu considérables.

Elle était violente parce qu'elle souffrait. Les lettres qu'elle recevait de La Haye enflammaient son amour, au point que cela lui était pénible. En proie à des visions dévorantes, elle dépérissait. Lorsqu'elle voyait trop clairement son amie absente, ses tempes palpitaient, son cœur battait violemment, et une ombre dense et croissante obscurcissait son esprit. Toute la sensibilité de ses nerfs, toute la chaleur de son sang, toutes les forces de son être coulaient en elle, s'enfonçaient, se fondaient dans le désir au plus profond de sa chair. Elle n'avait alors d'autre pensée que de récupérer Ligny. C'était Ligny qu'elle voulait, seulement Ligny, et elle-même s'étonnait du dégoût qu'elle éprouvait pour tous les autres hommes. Car ses instincts n'avaient pas toujours été aussi exclusifs. Elle se dit qu'elle irait tout de suite à Bondois, lui demanderait de l'argent et prendrait le train pour La Haye. Et elle ne l'a pas fait. Ce qui la rebutait n'était pas tant l'idée de déplaire à son amant, qui eût considéré un tel voyage comme de mauvais ton, que la crainte vague de réveiller l'ombre endormie.

Qu'elle n'avait pas revu depuis le départ de Ligny. Mais des choses inquiétantes se produisaient, en elle et autour d'elle. Dans la rue, elle fut suivie par un épagneul d'eau qui fit appel et disparut brusquement. Un matin qu'elle était au lit, sa mère lui dit : « Je vais chez la couturière » et elle sortit. Deux ou trois minutes plus tard, Félicie la vit revenir dans la chambre comme si elle avait oublié quelque chose. Mais l'apparition avançait sans un regard sur elle, sans un mot, sans un bruit et disparaissait en touchant le lit.

Elle avait des illusions encore plus troublantes. Un dimanche, elle jouait, dans une matinée d'*Athalie* , le rôle du jeune Zacharie. Comme elle avait de très jolies jambes, le déguisement ne lui déplaisait pas ; elle était heureuse aussi de montrer qu'elle savait comment parler les vers. Mais elle remarqua que dans la tribune de l'orchestre il y avait un prêtre en soutane. Ce n'était pas la première fois qu'un ecclésiastique assistait à une représentation dans l'après-midi de cette tragédie tirée de l'Écriture. Néanmoins, cela l'impressionna désagréablement. Lorsqu'elle monta sur scène, elle aperçut distinctement Louise Dalle, portant le turban de Jehoshabeath ; charger un revolver devant la boîte du souffleur. Elle eut assez de bon sens et de présence d'esprit pour rejeter cette vision absurde qui disparut. Mais elle prononça ses premières lignes d'une voix inaudible.

Elle avait des douleurs brûlantes au ventre. Elle souffrait de crises d'étouffement, parfois, sans cause apparente, une agonie indescriptible lui serrait les entrailles, son cœur battait à tout rompre et elle craignait d'être en train de mourir.

Le docteur Trublet la soignait avec une prudence vigilante. Elle le voyait souvent au théâtre et allait parfois le consulter dans son ancienne maison de la rue de Seine. Elle n'est pas passée par la salle d'attente ; la servante la conduisait aussitôt dans la petite salle à manger, où les poteries arabes brillaient dans l' ombre, et elle était toujours la première à entrer. Un jour, Socrate réussit à lui faire comprendre la manière dont les images se forment dans l'atmosphère. cerveau, et comment ces images ne correspondent pas toujours aux objets extérieurs, ou, à mon avis, ne correspondent pas toujours exactement.

"Les hallucinations", ajoutait-il, "sont le plus souvent de simples perceptions fausses. On voit une chose, mais on la voit mal, de sorte qu'un balai à plumes devient une tête aux mèches hérissées, un œillet rouge est la gueule ouverte d'une bête, et une chemise est un fantôme dans son suaire. Erreurs insignifiantes.

De ces arguments, elle tirait assez de force pour mépriser et dissiper ses visions de chats et de chiens, ou de personnes vivantes et bien connues d'elle. Pourtant elle redoutait de revoir le mort ; et les terreurs mystiques nichées dans les recoins obscurs de son cerveau étaient plus puissantes que les démonstrations de la science. Inutile de lui dire que les morts ne revenaient jamais ; elle le savait très bien.

A cette occasion, Socrate lui conseilla une fois de plus de trouver une certaine distraction, de rendre visite à ses amis, et de préférence aux plus agréables d'entre ses amis, et d'éviter l'obscurité et la solitude, comme ses deux ennemis les plus perfides.

Et il ajouta cette prescription :

"Vous devez particulièrement éviter les personnes et les choses qui peuvent être liées à l'objet de vos visions."

Il ne voyait pas que c'était impossible. Nanteuil non plus.

"Alors tu me guériras, cher vieux Socrate", dit-elle en tournant vers lui ses jolis yeux gris, pleins de supplication.

"Tu te guériras mon enfant. Tu te guériras, parce que tu es travailleur, sensé et courageux. Oui, oui, tu es timide et courageux à la fois. Tu redoutes le danger, mais tu as le courage de vivre . Vous serez guéri, parce que vous n'êtes pas en sympathie avec le mal et la souffrance. Vous serez guéri parce que vous voulez être guéri.

" Vous pensez donc qu'on peut guérir si on le veut ? "

"Quand on le veut d'une certaine manière profonde, intime, quand ce sont nos cellules qui le veulent en nous, quand c'est notre moi inconscient qui le veut; quand on le veut avec la volonté secrète, foisonnante, absolue de l'arbre robuste. qui veut reverdir au printemps.

CHAPITRE XVIII

Cette même nuit, ne pouvant dormir, elle se retourna dans son lit et rejeta les couvertures. Elle sentait que le sommeil était encore loin, qu'il viendrait avec les premiers rayons, pleins d'atomes de poussière dansants, dont le matin perce les fentes des rideaux. La veilleuse, avec son petit cœur brûlant qui brillait à travers son abat-jour en porcelaine, lui offrait une compagnie mystique et familière. Félicie ouvrit les yeux et but d'un coup d'œil la lueur blanche et laiteuse qui lui apportait de la tranquillité d'esprit. Puis, les refermant, elle retomba dans la lassitude tumultueuse de l'insomnie. De temps en temps, quelques mots de sa part lui revenaient à la mémoire, mots auxquels elle n'attachait aucun sens, mais qui l'obsédaient : « Nos jours sont ce que nous les faisons. Et son esprit se fatiguait à retourner et retourner quelques quatre ou cinq idées.

" Il faut que j'aille demain chez Mme Royaumont pour essayer ma robe. Hier, j'ai été avec Fagette dans la loge de Jeanne Perrin ; elle s'habillait et elle montrait ses jambes velues, comme si elle en était fière. Elle n'est pas laide, Jeanne Perrin ; en effet, elle a une belle tête ; mais c'est son expression qui me déplaît. Comment madame Colbert fait-elle pour dire que je lui dois trente-deux francs et trois font dix-sept, et neuf, vingt-six ? Je ne lui dois que vingt-six francs. « Nos journées sont ce que nous les faisons. Comme j'ai chaud!"

D'un mouvement rapide de ses reins souples, elle se retourna et ses bras nus s'ouvrirent pour embrasser l'air comme s'il s'agissait d'un corps frais et subtil.

"Il semble que cent ans se soient écoulés depuis le départ de Robert. C'était cruel de sa part de me laisser tranquille. J'en ai marre de le désirer." Et recroquevillée dans son lit, elle se souvenait intensément des heures où ils s'étreignaient étroitement. Elle l'a appelé :

"Mon minou ! Petit loup !"

Et aussitôt le même train de pensées recommença son fatiguant cortège dans son esprit.

" Nos jours sont ce que nous les faisons. Nos jours sont ce que nous les faisons. Nos jours... " Quatorze et trois, dix-sept et neuf, vingt-six. Je voyais bien que Jeanne Perrin montrait ses longues jambes d'homme. , foncée avec des cheveux, exprès. Est-ce vrai, ce qu'on dit, que Jeanne Perrin donne de l'argent aux femmes ? Il faut que j'essaie ma robe demain à quatre heures. Il y a une chose affreuse que Mme Royaumont ne peut jamais mettre. Comme j'ai chaud ! Socrate est un bon médecin, mais il s'amuse parfois à vous faire passer pour un imbécile.

Tout à coup, elle pensa à Chevalier, et elle sembla sentir une influence émanant de lui qui se glissait sur les murs de sa chambre. Il lui sembla que la lueur de la veilleuse en était atténuée. Ce n'était qu'une ombre, et cela la remplissait d'inquiétude. L'idée lui vint soudain à l'esprit que cette chose subtile avait son origine dans les portraits du mort. Elle n'en avait gardé aucun dans sa chambre. Mais il y en avait encore dans l'appartement, certains qu'elle n'avait pas détruits. Elle les compta soigneusement, et découvrit qu'il devait en rester trois : la première, quand il était tout jeune, le représentait sur un fond nuageux ; un autre, riant et à son aise, assis à califourchon sur une chaise ; un troisième comme Don César de Bazan. Dans sa hâte d'en détruire tous les vestiges, elle sauta du lit, alluma une bougie et, en chemise de nuit, se traîna avec ses pantoufles dans le salon, jusqu'à ce qu'elle arrivât à la table en palissandre, surmontée d'un palmier phénix. Elle remonta la nappe et fouilla dans le tiroir. Il contenait des compteurs de cartes, des douilles pour bougies, quelques morceaux de bois détachés des meubles, deux ou trois lustres appartenant au lustre et quelques photographies, parmi lesquelles elle ne trouva qu'une seule de Chevalier, la plus ancienne, le montrant debout contre un mur. fond nuageux.

Elle chercha les deux autres dans un petit meuble Boule qui ornait l'espace entre les fenêtres et sur lequel étaient des lampes chinoises. Ici dormaient des globes de lampes en verre dépoli, des abat-jour, des gobelets en verre taillé ornés de bronze doré, un porte-allumettes en porcelaine peinte flanqué d'un enfant endormi contre un tambour à côté d'un chien, des livres dont les reliures étaient détachées, des partitions musicales en lambeaux. , quelques éventails brisés, une flûte et un petit tas de portraits carte de visite. Elle y découvre un deuxième Chevalier, le Don César de Bazan. Le troisième n'était pas là. Elle se demandait en vain où il avait bien pu être caché. En vain, elle fouilla dans les boîtes, les bols, les cache-pots et le Davenport à musique. Et tandis qu'elle cherchait avidement le portrait, celui-ci grandissait et se précisait dans son imagination, atteignait la stature d'un homme, prenait un air moqueur et la défiait. Sa tête était en feu, ses pieds étaient comme de la glace et elle pouvait sentir la terreur lui monter au creux de l'estomac. Au moment où elle s'apprêtait à abandonner les recherches, à aller enfouir son visage dans son oreiller, elle se souvint que sa mère gardait quelques photographies dans son armoire à glace. Elle reprit courage. Doucement, elle entra dans la chambre de Madame Nanteuil endormie. D'un pas silencieux, elle se dirigea vers l'armoire, l'ouvrit lentement et sans bruit et, debout sur une chaise, explora l'étagère du haut, chargée de vieux cartons. Elle tomba sur un album qui datait du Second Empire et qui n'avait pas été ouvert depuis vingt ans. Elle fouilla parmi une masse de lettres, de liasses de reçus et de bons du Mont-de-Piété. Réveillée par la lueur de la bougie et par le bruit de souris émis par le chercheur, Madame Nanteuil demanda :

"Qui est là?"

Aussitôt, apercevant le petit fantôme familier dans sa longue chemise de nuit, avec une lourde tresse de cheveux dans le dos, perché sur une chaise, elle s'écria :

"C'est toi, Félicie ? Tu n'es pas malade, n'est-ce pas ? Qu'est-ce que tu fais là ?"

"Je cherche quelque chose."

"Dans ma garde-robe ?"

"Oui, maman."

"Veux-tu gentiment retourner dans ton lit ! Tu vas prendre froid. Dis-moi au moins ce que tu cherches. Si c'est le chocolat, il est sur l'étagère du milieu à côté du sucrier en argent."

Mais Félicie s'était emparée d'un paquet de photographies qu'elle feuilletait rapidement. Ses doigts impatients rejetaient Madame Doulce, ornée de dentelles, Fagette, radieuse, ses cheveux se dissolvant dans leur propre éclat ; Tony Meyer, les yeux fermés et le nez tombant sur les lèvres ; Pradel, avec sa barbe fleurie ; Trublet, chauve et au nez retroussé ; Monsieur Bondois, à l'oeil craintif et au nez droit posé au-dessus d'une grosse moustache. Bien que peu d'humeur à accorder aucune attention à M. Bondois, elle lui lança un regard passager d'hostilité, et laissa par hasard une goutte d'huile de bougie lui défigurer le nez.

Madame Nanteuil, bien réveillée, ne comprenait rien à ses démarches.

"Félicie, pourquoi diable fouilles-tu comme ça dans mon armoire ?"

Félicie, qui tenait enfin la photographie qu'elle avait tant cherchée, ne répondit que par un cri de joie féroce et s'envola de sa chaise, emmenant avec elle son ami mort et, par inadvertance, M. Bondois aussi.

De retour au salon, elle s'accroupit près de la cheminée et alluma un feu de papier dans lequel elle jeta les trois photographies de Chevalier. Elle les regardait flamber, et quand les trois morceaux de carton tordus et noircis eurent volé dans la cheminée, et qu'il ne restait plus ni forme ni substance, elle respira librement. Elle croyait bien, cette fois, avoir privé le mort jaloux de la matière de ses apparitions, et s'être libérée de l'obsession redoutée.

En ramassant son chandelier, elle aperçut M. Bondois, dont le nez avait disparu sous une goutte ronde de cire blanche. Ne sachant que faire de lui, elle le jeta en riant dans la grille encore flamboyante.

De retour dans sa chambre, elle se plaça devant le miroir et resserra sa chemise de nuit autour d'elle, afin de souligner les lignes de son corps. Une pensée qui lui traversait parfois l'esprit y restait cette fois un peu plus longtemps que d'habitude.

Elle avait l'habitude de se demander :

"Pourquoi est-on fait comme ça, avec une tête, des bras, des jambes, des mains, des pieds, une poitrine et un abdomen ? Pourquoi est-on fait comme ça et pas autrement ? C'est drôle."

Et à ce moment-là, la forme humaine lui paraissait arbitraire, fantastique, étrangère. Mais son étonnement fut bientôt passé. Et, en se regardant, elle se sentait contente d'elle-même. Elle était consciente d'une joie profonde et profonde en elle-même. Elle découvrait ses seins, les tenait délicatement au creux de ses mains, les regardait tendrement dans la glace, comme s'ils n'étaient pas une partie d'elle-même, mais quelque chose qui lui appartenait, comme deux êtres vivants, comme un couple de colombes.

Après leur avoir souri, elle se recoucha. En se réveillant tard le matin, elle fut un instant surprise d'être seule dans son lit. Parfois, dans un rêve, elle se divisait en deux êtres et, sentant sa propre chair, elle rêvait qu'elle était caressée par une femme.

CHAPITRE XIX

La répétition générale de *La Grille* était fixée à deux heures. Dès une heure, le docteur Trublet avait pris sa place habituelle dans la loge de Nanteuil.

Félicie, que madame Michon habillait, reprochait à son médecin de n'avoir rien à lui dire. Pourtant c'était elle qui, préoccupée, concentrée sur le rôle qu'elle allait jouer, ne l'écoutait pas. Elle ordonna que personne ne puisse entrer dans sa loge. Elle reçut néanmoins avec plaisir la visite de Constantin Marc, qu'elle trouva sympathique.

Il était excité. Pour cacher son agitation, il fit mine de parler de ses bois du Vivarais et se mit à raconter des histoires de fusillade et des contes de paysans, qu'il ne termina pas.

"Je suis dans le funk", a déclaré Nanteuil. "Et vous, monsieur Marc, vous n'avez pas des maux d'estomac ?"

Il a nié ressentir une quelconque anxiété. Elle a insisté :

"Maintenant, avoue que tu aimerais que tout soit fini."

"Eh bien, puisque vous insistez, peut-être que je préférerais que ce soit fini."

Alors le docteur Socrate, d'une expression simple et d'une voix calme, lui posa la question suivante :

" Ne croyez-vous pas que ce qui doit être accompli a déjà été accompli et l'a été de tous les temps ? "

Et sans attendre de réponse, il ajouta :

« Si les phénomènes du monde arrivent successivement à notre conscience, il ne faut pas en conclure qu'ils soient réellement successifs, et nous avons encore moins de raisons de croire qu'ils se produisent au moment où nous les percevons.

"C'est évident", a déclaré Constantin Marc, qui n'avait pas écouté.

« L'univers, continua le docteur, nous paraît perpétuellement imparfait, et nous avons tous l'illusion qu'il se complète perpétuellement. Comme nous apercevons successivement les phénomènes, nous croyons en réalité qu'ils se succèdent. Nous imaginons que ceux qui que nous ne voyons plus sont dans le passé, et ceux que nous ne voyons pas encore sont dans le futur. Mais il est possible de concevoir des êtres construits de telle manière qu'ils perçoivent simultanément ce que nous considérons comme le passé et le futur. des êtres qui percevraient les phénomènes dans un ordre rétrograde, et les verraient se dérouler de notre avenir à notre passé. Des animaux disposant d'un autre espace que nous, et capables, par exemple, de se déplacer à une vitesse supérieure à celle de la lumière, concevraient une idée. de la succession de phénomènes qui différeraient grandement du nôtre. »

"Si seulement Durville ne me mettait pas en colère sur scène !" s'écria Félicie, tandis que Mme Michon enfilait ses bas sous sa jupe.

Constantin Marc lui assura que Durville ne rêvait même pas de cela et la pria de ne pas s'inquiéter.

Et le docteur Socrate reprit son discours.

"Nous-mêmes, par une nuit claire, lorsque nous regardons Spica Virginis, qui palpite au-dessus de la cime d'un peuplier, pouvons voir à la fois ce qui était et ce qui est. Et cela peut être dit avec une égale vérité. que nous voyons ce qui est et ce qui sera. Car si l'étoile, telle qu'elle nous apparaît, représente le passé par rapport à l'arbre, l'arbre constitue l'avenir par rapport à l'étoile. Pourtant l'étoile, qui, de loin, nous montre son petit visage de feu, non tel qu'il est aujourd'hui, mais tel qu'il était du temps de notre jeunesse, peut-être même avant notre naissance, et le peuplier, dont les jeunes feuilles tremblent dans la fraîcheur de l'air. l'air de la nuit, se réunissent en nous au même instant, et nous sont présents simultanément. Nous disons d'une chose qu'elle est au présent lorsque nous en avons une perception précise. Nous disons qu'elle est dans le passé lorsque. nous n'en conservons qu'une image indistincte. Une chose peut avoir été accomplie il y a des millions d'années, mais si elle nous impressionne le plus fortement possible, elle ne sera pas pour nous une chose du passé ; il sera présent. L'ordre dans lequel les choses tournent dans les profondeurs de l'univers nous est inconnu. Nous ne connaissons que l'ordre de nos perceptions. Croire que l'avenir n'existe pas, parce que nous ne le connaissons pas, c'est comme croire qu'un livre n'est pas terminé parce que nous n'avons pas fini de le lire. »

Le médecin s'arrêta un moment. Et Nanteuil, dans le silence qui suivit, entendit battre son cœur. Elle s'est exclamée :

"Continuez, mon cher Socrate, continuez, je vous en supplie. Si vous saviez combien vous me faites du bien en parlant ! Vous pensez que je n'écoute pas un mot de ce que vous dites. Mais cela me distrait de vous entendre parler de loin... ça m'empêche de me laisser aller au blues, mais ne t'arrête pas.

Le sage Socrate, qui avait sans doute prévu l'influence bienveillante que son discours exerçait sur l'actrice, reprit sa conférence :

" L'univers est construit inévitablement comme un triangle dont deux angles et un côté sont donnés. Les choses futures sont déterminées. Elles sont à partir de ce moment terminées. Elles sont comme si elles existaient. En effet, elles existent déjà. Elles existent à un tel degré que nous les connaissons en partie. Et, si cette partie est infinitésimale en proportion de leur immensité, elle n'en est pas moins très appréciable en proportion de la part des choses accomplies dont nous pouvons avoir quelque connaissance. pour nous, l'avenir n'est pas beaucoup plus obscur que le passé. Nous savons que les générations se succèderont dans le travail, la joie et la souffrance. Je regarde au-delà de la durée de la race humaine. Je vois les constellations changer lentement dans les cieux. les leurs qui semblent immuables ; je vois le Wain dételé de son ancien attelage, le bouclier d'Orion brisé en deux, Sirius éteint. Nous savons que le soleil se lèvera demain et que pour longtemps encore il se lèvera chaque matin au milieu. les nuages denses ou dans les brumes légères.

Adolphe Meunier entra discrètement sur la pointe des pieds.

Le médecin lui serra chaleureusement la main.

"Bonjour, monsieur Meunier. Nous apercevons la nouvelle lune du mois prochain. Nous ne la voyons pas aussi distinctement que la nouvelle lune de ce soir, car nous ne savons pas dans quel ciel gris ou vermeil elle dévoilera son vieux couvercle de casserole sur mon toit, au milieu des conduits de poêles coiffés de chapeaux pointus et de capuchons romantiques, sous le regard des chats amoureux. Mais ce prochain lever de lune, si nous étions assez experts pour le connaître d'avance, dans ses moindres détails, tout le monde. ce qui est essentiel, nous devrions concevoir une idée aussi claire de la nuit dont je parle que de la nuit actuelle avec nous, toutes deux nous seraient également présentes ;

"La connaissance que nous avons des faits est la seule raison qui nous porte à croire à leur réalité. Nous savons que certains faits sont appelés à se produire. Il faut donc les croire réels. Et, s'ils sont réels, ils le sont. réalisé. Il est donc croyable, mon cher Constantin Marc, que votre pièce a été jouée il y a mille ans, ou il y a une demi-heure, ce qui revient absolument au même. Il est croyable que nous soyons tous morts depuis quelque temps. . Pensez-y et votre esprit sera apaisé. »

Constantin Marc, qui n'avait pas prêté attention à ses propos et qui n'en percevait ni la pertinence ni l'opportunité, répondit, d'un ton un peu irritable, que tout cela se trouvait chez Bossuet.

« À Bossuet ! s'écria le médecin indigné. "Je vous mets au défi de me montrer quelque chose qui y ressemble dans ses ouvrages. Bossuet ne connaissait rien à la philosophie."

Nanteuil se tourna vers le médecin. Elle portait un grand bonnet de pelouse avec une haute coiffe ronde ; il était étroitement attaché sur sa tête par un large ruban bleu, et ses languettes, les unes au-dessus des autres, tombaient de chaque côté de son visage, ombrageant son front et ses joues. Elle s'était transformée en une blonde fougueuse. Des cheveux brun rougeâtre tombaient en boucles sur ses épaules. Un foulard en organdi était croisé sur sa poitrine et retenu à la taille par une large ceinture violette. Son jupon rayé blanc et rose, qui flottait comme mouillé et s'agrippait à la taille un peu haute, la faisait paraître très grande. Elle ressemblait à une silhouette dans un rêve.

"Delage aussi", dit-elle, "la chiffonne de la manière la plus pourrie. As-tu entendu ce qu'il a fait à Marie-Claire? Ils jouaient ensemble dans *Les Femmes savantes* . Il lui a mis un œuf dans la main, sur scène. Elle n'a pas pu s'en débarrasser avant la fin de l'acte."

En entendant l'appel du call-boy, elle descendit, suivie de Constantin Marc. Ils entendaient le rugissement de la maison, les murmures du monstre, et il leur semblait qu'ils entraient dans la gueule enflammée de la bête apocalyptique.

La Grille a été accueillie favorablement. Arrivé en fin de saison, avec peu d'espoir de long terme, il a trouvé la faveur de tous. Au milieu du premier acte, le public prit conscience du style, de la poésie et, çà et là, des obscurités de la pièce. Dès lors, ils la respectèrent, feignirent d'en jouir et voulurent la comprendre. Ils pardonnèrent à la pièce sa légère valeur dramatique. C'était littéraire et, pour une fois, le style fut accepté.

Constantin Marc ne connaissait encore personne à Paris. Il avait invité au théâtre trois ou quatre propriétaires terriens du Vivarais, qui rougissaient dans les gradins avec leurs cravates blanches, roulaient des yeux ronds et n'osaient pas applaudir. Comme il n'avait pas d'amis, personne ne songeait à gâcher son succès. Et même dans les couloirs, certains mettaient son talent au-dessus de celui des autres dramaturges. Cependant, très excité, il errait de loge en loge ou s'effondrait sur une chaise au fond de la loge du metteur en scène. Il s'inquiétait des critiques.

"Rassurez-vous", lui dit Romilly. "Ils diront de votre pièce ce qu'ils pensent de Pradel en bien ou en mal. Et pour le moment, ils pensent de lui plus de mal que de bien."

Adolphe Meunier lui apprit, avec un pâle sourire, que la maison était bonne et que les critiques trouvaient que la pièce était d'une écriture très soignée. Il attendait, en retour, quelques mots élogieux concernant son *Pandolphe et Clarimonde* . Mais il n'est pas venu à l'esprit de Constantin Marc de s'en porter garant.

Romilly secoua la tête.

"Il faut s'attendre aux sladings. M. Meunier le sait bien. La presse s'est montrée farouchement injuste à son égard."

« Hélas, soupira Meunier, on ne dira jamais de nous autant de choses dures qu'on en a dit de Shakespeare et de Molière.

Nanteuil connut un grand succès, marqué moins par des cris bruyants devant le rideau que par l'approbation plus profonde et plus discrète de spectateurs exigeants. Elle avait révélé des qualités qu'on ne lui avait pas créditées jusqu'alors ; pureté de diction, noblesse de pose et grâce fière et modeste.

Sur scène, lors de la dernière pause, le Ministre l'a félicitée en personne. C'était le signe que l'opinion publique était favorable, car les ministres n'expriment jamais d'opinions individuelles. Derrière le Grand Maître de l'Université se pressait une foule flatteuse de fonctionnaires, de gens du monde et d'auteurs dramatiques. Les bras tendus vers elle comme des poignées de pompe, ils lui assurèrent tous simultanément leur admiration. Et Madame Doulce, étouffée par leur nombre, laissait sur les boutons des vêtements d'hommes des lambeaux de ses innombrables parures de dentelle de coton.

Le dernier acte fut le triomphe de Nanteuil. Elle obtint du public mieux que des larmes et des cris. Elle obtint de tous les yeux ce regard humide et sans larmes, de chaque poitrine ce murmure profond et presque silencieux que la beauté seule a le pouvoir de contraindre.

Elle sentit qu'elle avait grandi incommensurablement en un seul instant, et quand le rideau tomba, elle murmura :

"Cette fois, je l'ai fait !"

Elle se déshabillait dans sa loge remplie de paniers d'orchidées, de bouquets de roses et de bouquets de lilas, lorsqu'on lui apporta un télégramme. Elle l'a déchiré. C'était un message de La Haye contenant ces mots :

"Mes sincères félicitations pour votre succès incontestable, Robert."

Au moment où elle finissait de le lire, le docteur Trublet entra dans la loge.

Elle jeta ses bras brûlants de joie et de fatigue autour de son cou ; elle l'attira vers son sein chaud et humide et déposa sur son visage méditatif de Silène un baiser claquant de ses lèvres enivrées.

Socrate, qui était un sage, considérait le baiser comme un cadeau des dieux, sachant pertinemment qu'il ne lui était pas destiné, mais qu'il était dédié à la gloire et à l'amour.

Nanteuil se rendit compte que, dans son ivresse, elle avait peut-être chargé ses lèvres d'un souffle trop ardent, car, écartant les bras, elle s'écria :

"On n'y peut rien ! Je suis si heureuse !"

CHAPITRE XX

A Pâques, un événement d'une grande importance augmenta sa joie. Elle était fiancée à la Comédie-Française. Depuis quelque temps, sans en parler, elle tentait ces fiançailles. Sa mère l'avait aidée dans les démarches qu'elle avait entreprises. Madame Nanteuil était aimable maintenant qu'elle était aimée. Elle portait désormais des corsets et des jupons droits qu'elle pouvait afficher n'importe où. Elle fréquentait les bureaux du ministère, et on dit que, sollicitée par le sous-chef d'un département des Beaux-Arts, elle avait cédé de très bonne grâce. Du moins, c'est ce que disait Pradel.

Il s'exclamait joyeusement :

" Vous ne la reconnaîtriez pas maintenant, mère Nanteuil ! Elle est devenue très désirable, et je l'aime mieux que sa petite renarde de fille. Elle a un meilleur caractère. "

Comme les autres, Félicie avait dédaigné, méprisé, dénigré la Comédie-Française. Elle avait dit, comme tous les autres : « Je n'aurais guère envie d'entrer dans cette maison. Et à peine y appartenait-elle qu'elle était remplie d'une exultation fière et joyeuse. Ce qui doublait son plaisir, c'était qu'elle allait faire ses débuts à *L'École des Femmes* . Elle étudiait déjà le rôle d'Agnès auprès d'un vieux professeur obscur, Monsieur Maxime, qu'elle avait en haute estime parce qu'il connaissait toutes les traditions du théâtre. La nuit, elle jouait Cécile dans *La Grille* , et elle vivait dans un tumulte fébrile de travail. Elle reçut une lettre dans laquelle Robert de Ligny l'informait qu'il rentrait à Paris.

Durant son séjour à La Haye, il avait fait certaines expériences qui lui avaient prouvé la force de son amour pour Félicie. Il avait eu des femmes qui étaient réputées jolies et agréables. Mais ni Madame Bourmdernoot de Bruxelles, grande et fraîche, ni les sœurs Van Cruysen, modistes sur le Vijver, ni Suzette Berger des Folies-Marigny, alors en tournée à travers l'Europe du Nord, ne lui avaient procuré un sentiment de plénitude. Lorsqu'il était en leur compagnie, il avait regretté Félicie et découvert que de toutes les femmes, il ne désirait qu'elle. Sans Madame Bourmdernoot, les sœurs Van Cruysen et Suzette Berger, il n'aurait jamais su à quel point Félicie Nanteuil était précieuse pour lui. Si l'on doit être littéral, on peut affirmer qu'il lui a été infidèle. C'est l'expression correcte. Il y en a d'autres qui reviennent au même et qui ne sont pas de si bonne forme. Mais si l'on y regarde de plus près, il ne l'a pas trompée. Il l'avait cherchée, il l'avait cherchée hors d'elle-même et avait appris qu'il la trouverait en elle seule. Dans sa vaine sagesse, il était presque en colère et alarmé ; il était inquiet de devoir miser la multitude de ses désirs sur une substance si mince, dans un vase si unique et si fragile. Et il aimait

Félicie d'autant plus qu'il l'aimait avec une certaine profondeur de rage et de haine.

Le jour même de son arrivée à Paris, il lui donne rendez-vous dans une garçonnière qu'un riche collègue du ministère des Affaires étrangères a mis à sa disposition. Elle était située avenue de l'Alma, au rez-de-chaussée d'une jolie maison, et se composait de deux petites pièces tendues d'un dessin de soleils au cœur brun et aux rayons d'or, qui s'élevaient, uniformes, paisibles. , et sans ombre sur le mur joyeux. Les chambres étaient de style moderne ; les meubles étaient d'un vert pâle, décorés de branches fleuries ; ses contours suivaient les courbes douces des plantes lilacées et prenaient quelque chose de la tendre sensation d'une végétation humide. La psyché penchait légèrement en avant dans son cadre de plantes bulbeuses de forme souple, terminées par des corolles fermées, et dans ce cadre le miroir avait la fraîcheur de l'eau. Une peau d'ours blanc était étendue au pied du lit.

"Toi ! Toi ! C'est toi !" C'était tout ce qu'elle pouvait dire.

Elle vit les pupilles de ses yeux brillantes et lourdes de désir, et pendant qu'elle le regardait un nuage se rassembla devant ses yeux. Le feu subtil de son sang, la brûlure de ses reins, le souffle chaud de ses poumons, la couleur ardente de son visage, tout se mélangeait dans sa bouche, et elle déposa sur les lèvres de son amant un long, long baiser, un baiser enceinte. avec tous ces feux et frais comme une fleur dans la rosée.

Ils se posaient vingt choses à la fois et leurs questions s'entremêlaient.

" Étais-tu malheureux, Robert, quand tu étais loin de moi ? "

" Alors tu fais tes débuts à la Comédie ?

"Est-ce que La Haye est un joli endroit ?"

"Oui, une petite ville tranquille. Des maisons rouges, grises, jaunes, avec des pignons à gradins, des volets verts et des géraniums aux fenêtres."

"Qu'est-ce que tu faisais là?"

"Pas grand-chose. J'ai fait le tour du Vijver."

"Tu n'es pas allé avec des femmes, j'espère ?"

"Non, ma parole. Comme tu es jolie, ma chérie ! Tu vas bien maintenant ?"

"Oui, je suis guéri."

Et, soudain suppliante, elle dit :

"Robert, je t'aime. Ne me quitte pas. Si tu me quittais, je sais avec certitude que je ne pourrai jamais prendre un autre amant. Et que deviendrais-je ? Tu sais que je ne peux pas me passer d'amour."

Il répondit brusquement, d'une voix dure, qu'il l'aimait trop, qu'il ne pensait qu'à elle.

"Je deviens fou avec ça."

Sa dureté la ravissait et la rassurait mieux que n'aurait pu le faire la tendresse nerveuse des serments et des promesses. Elle sourit et commença à se déshabiller généreusement.

"Quand faites-vous vos débuts à la Comédie ?"

"Ce mois-ci."

Elle ouvrit son petit sac et en sortit, avec sa poudre, son appel pour la répétition, qu'elle tendit à Robert. C'était pour elle une joie sans fin de regarder avec admiration ce document, car il portait le titre de la Comédie, avec la date lointaine et effrayante de sa fondation.

"Vous voyez, je fais mes débuts dans le rôle d'Agnès dans *L'École des Femmes*."

"C'est un bon rôle."

"Je te crois."

Et, pendant qu'elle se déshabillait, les lignes lui montèrent aux lèvres, et elle les murmura :

> "Moi, j'ai blessé quelqu'un? fis-je tout étonnée
> Oui, dit-elle, blessé; mais blessé tout de bon;Et c'est
> l'homme qu'hier vous vîtes au balconLas! qui pourrait,
> lui dis -je, en avoir été cause?Sur lui, sans y penser, fis-
> je choeur quelque chose?"

"Vous voyez, je n'ai pas maigri."

> "Non, dit-elle, vos yeux ont fait ce coup fatal,
> Et c'est de leurs regards qu'est venu tout son mal."

"Au contraire, je suis un peu plus rondelette, mais pas trop."

> "Hé, mon Dieu ! ma surprise est, fis-je, sans seconde ;
> Mes yeux ont-ils du mal pour en donner au monde ?"

Il écoutait les lignes avec plaisir. S'il ne connaissait pas beaucoup plus la littérature d'autrefois ni la tradition française que ses jeunes contemporains, il avait plus de goût et des intérêts plus vifs. Et comme tous les Français, il aimait Molière, le comprenait et le ressentait profondément.

"C'est délicieux", dit-il. "Maintenant, viens à moi."

Elle laissa glisser sa chemise avec une grâce calme et bienfaisante. Mais, parce qu'elle voulait se faire désirer, et parce qu'elle aimait la comédie, elle commença le récit d'Agnès :

> "J'étais sur le balcon à travailler au frais,
> Lorsque je vis passer sous les arbres d'auprèsUn jeune
> homme bien fait qui, rencontrant ma vue...."

Il l'appela et l'attira à lui. Elle glissa hors de ses bras et, s'avançant vers le miroir, elle continua de réciter et de jouer devant la vitre.

> "D'une humble révérence aussitôt me salue."

Pliant le genou, d'abord légèrement, puis plus bas, puis, la jambe gauche avancée et la droite rejetée en arrière, elle fit une profonde révérence.

> "Moi, pour ne point manquer à la civilité,
> Je fis la révérence aussi de mon côté."

Il l'appela de manière plus urgente. Mais elle fit une seconde révérence dont elle accentua les pauses avec une précision amusante. Et elle continuait à réciter et à faire des révérences aux endroits indiqués par le texte et par les traditions de la scène.

> "Soudain il me refait une autre révérence;
> Moi, j'en refais de même une autre en diligence; Et lui,
> d'une troisième immédiatement repartant, D'une
> troisième aussi j'y répare à l'instant."

Elle a exécuté chaque détail de la scène, avec sérieux et conscience, en prenant soin de donner un rendu parfait. Ses poses, dont certaines déconcertantes, exigeant une jupe pour les expliquer, étaient presque toutes jolies, tandis que toutes étaient intéressantes, dans la mesure où elles mettaient en relief les muscles fermes sous la douce enveloppe d'un corps jeune, et révélaient à à chaque mouvement des correspondances et des harmonies qui ne sont pas communément observées.

En revêtant sa nudité de la convenance de ses attitudes et de la naïveté de ses expressions, elle incarnait, par hasard et par caprice, un joyau de l'art, une allégorie de l'Innocence à la manière d'Allegrain ou de Clodion. Et les grandes répliques de la comédie résonnaient avec une délicieuse pureté sur cette figurine animée. Robert, fasciné malgré lui, la laissa aller jusqu'au bout. Ce qui l'amusait surtout, c'était que la chose la plus publique de toutes, une scène de théâtre, lui fût présentée d'une manière aussi privée et secrète. Et, tout en observant les gestes cérémonieux de cette jeune fille dans toute sa nudité, il éprouvait en même temps le plaisir philosophique de découvrir comment se produit la dignité dans les meilleurs milieux sociaux.

"Il passe, vient, repasse et toujours de plus belle
Me fait à chaque fois une révérence nouvelle,Et moi
qui tous ses tours fixement regardais,Nouvelle
révérence aussi je lui rendais...."

Cependant elle admirait dans la glace ses seins fraîchement bourgeonnés, sa taille souple, ses bras un peu minces, ronds et effilés, et ses genoux lisses et beaux ; et, voyant tout cela soumis au bel art de la comédie, elle s'anima et s'exalta ; une légère rougeur, comme du rouge, teintait ses joues.

"Tant que si sur ce point la nuit ne fût lieu,
Toujours comme cela je me serais tenue,Ne voulaut
point céder, ni recevoir l'ennuiQu'il me pût estimer
moins civile que lui...."

Il l'appelait depuis le lit, où il était allongé sur le coude.

"Maintenant viens!"

Alors, pleine d'animation et avec des couleurs rehaussées, elle s'écria :

"Ne penses-tu pas que moi aussi je t'aime !"

Elle se jeta à côté de son amant. Souple et tout à fait livrée, elle rejetait la tête en arrière, offrant à ses baisers ses yeux voilés de cils d'ombre et ses lèvres entrouvertes, d'où luisait un éclair blanc et humide.

Tout à coup, elle se mit à genoux. Ses yeux fixes étaient remplis d'une terreur indescriptible. Un cri rauque s'échappa de sa gorge, suivi d'un gémissement aussi long et doux qu'une note d'orgue. Tournant la tête, elle montra la fourrure blanche étalée au pied du lit.

"Là! Là! Il est allongé là comme un chien accroupi, avec un trou dans la tête. Il me regarde, avec le sang qui coule du coin de la bouche."

Ses yeux, grands ouverts, retroussés, révélaient le blanc. Son corps s'étirait en arrière comme un arc, et, lorsqu'il eut retrouvé sa souplesse, elle tomba comme morte.

Il lui a baigné les tempes avec de l'eau froide et l'a ramenée à conscience. D'une voix enfantine, elle gémit que toutes les articulations de son corps étaient brisées. Sentant une sensation de brûlure au creux de sa main, elle regarda et vit que la paume était coupée et saignait.

Dit-elle:

"Ce sont mes ongles, ils sont entrés dans ma main. Tu vois, mes ongles sont pleins de sang !"

Elle le remercia tendrement pour ses soins et s'excusa gentiment de lui avoir causé tant de problèmes.

"Ce n'est pas pour ça que tu es venu, n'est-ce pas ?"

Elle essaya de sourire et regarda autour d'elle.

"C'est bien ici."

Son regard rencontra l'appel à la répétition ouvert sur la table de chevet, et elle soupira :

"A quoi me sert d'être une grande actrice si je ne suis pas heureuse ?"

Sans s'en rendre compte, elle répétait mot pour mot ce que Chevalier avait dit en rejetant ses avances.

Puis, relevant de l'oreiller où elle était enfouie sa tête encore stupéfaite, elle tourna vers son amant ses yeux tristes et lui dit avec résignation :

"Nous nous sommes bien aimés, nous deux. C'est fini. Nous ne nous appartiendrons plus; non, jamais. Il nous le défend!"

LA FIN